3913

8-30-

PENSÉES

SUR DIVERS SUJETS,

ET

DISCOURS POLITIQUES.

TOME I.

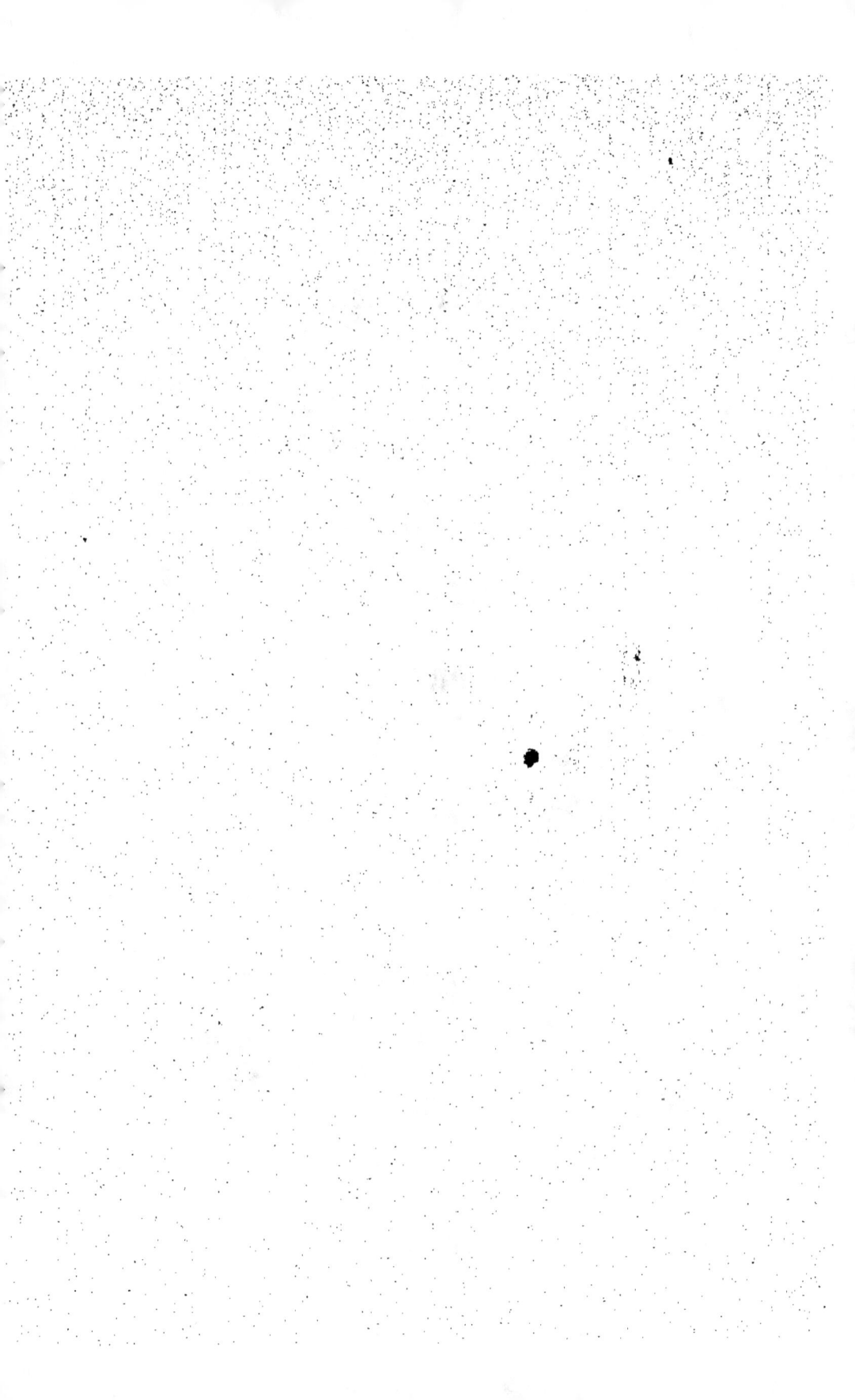

PENSÉES
SUR DIVERS SUJETS,

ET

DISCOURS POLITIQUES;

Par M. DE BONALD.

———

TOME PREMIER.

A PARIS,

Chez Adrien LE CLERE, Libraire-Imprimeur
de N. S. P. le Pape et de l'Archevêché de Paris,
quai des Augustins, n° 35;

ET CHEZ LES PRINCIPAUX LIBRAIRES.

....

1817.

AVERTISSEMENT.

J'AI écrit ces Pensées comme elles se sont présentées à mon esprit : je les publie dans le même ordre, ou, si l'on veut, dans le même désordre qu'elles ont été écrites. Des Pensées sont une conversation souvent interrompue, souvent reprise, sur toutes sortes de sujets ; et elles ne demandent pas, comme un traité dogmatique, une division par *chapitres* enregistrés dans une *table des matières*.

La variété, qui est inévitable dans ces sortes d'ouvrages, et qui peut aussi en rendre la lecture moins fatigante, multiplie les parties foibles et les points d'attaque ; et, sous ces rapports, un Recueil de Pensées ressemble à ces *lignes* militaires trop étendues, que l'ennemi peut percer en mille endroits. Je le sais ; mais ce n'est pas après avoir défendu la nécessité de la censure pour les ouvrages sérieux, que je méconnoîtrai les justes droits de la critique.

J'expose mes sentiments avec ma franchise accoutumée ; mais ce qu'ils paroîtroient avoir de tranchant, tient uniquement à la forme brieve et sentencieuse d'un écrit du genre

1. *a*

de celui-ci. Je les expose avec les égards et le respect dus aux hommes et aux loix : on ne peut en exiger davantage. J'accorde aux gouvernements plus de pouvoir peut-être qu'ils n'en demandent ; mais je ne saurois leur reconnoître celui d'interdire la discussion grave et sérieuse sur quelque objet que ce soit d'ordre public. La vérité est le premier bien des hommes, le plus sûr fondement des États ; nous ne sommes ici-bas que pour la connoître, et nous n'avons pas d'autre moyen de la découvrir, que de la chercher.

Dans les opinions que j'ai émises aux deux sessions de 1815 et 1816, j'ai eu occasion de traiter les plus grandes questions de la science de la société, ou de l'art de l'administration ; questions dont le fonds est indépendant de la solution particulière qu'elles reçoivent dans des délibérations nécessairement soumises à l'influence des circonstances et des événements. J'ai donc pu croire que ces opinions seroient encore aujourd'hui de quelque intérêt pour ceux qui s'occupent de matières politiques, et c'est ce qui m'a déterminé à les réunir et à les publier.

PENSÉES

DIVERS SUJETS.

....

Comme la société a été d'abord *famille*, et puis *État*, l'instruction des hommes a dû commencer par des *proverbes*, et doit finir par des *pensées*. Le proverbe est une maxime de conduite appliquée au gouvernement moral ou matériel de la *famille*, et l'apologue ou la fable n'est et ne doit être qu'une maxime ou quelquefois même un proverbe revêtu d'une image *familière*. Les *pensées* ont un objet plus général, et doivent offrir des règles d'opinions ou de conduite pour les hommes réunis en société d'État ou publique; elles conviennent à la fois à des hommes plus occupés et à des esprits plus exercés. Elles sont en doctrine ce que *l'analyse* est en géométrie, ce que les billets de banque sont pour la circulation de l'argent : d'un côté,

I

elles réduisent un grand nombre d'idées sous
une expression plus abrégée; de l'autre, elles
offrent, comme des formules générales, des
applications positives à un plus grand nombre
de circonstances. C'est là ce que doivent être
des pensées morales et politiques; et je sens
qu'il est plus facile d'en donner la définition
que l'exemple.

———

Même après l'exemple de la France, il manque à l'Europe une dernière leçon. Malheur
au peuple destiné à la lui donner!

———

La religion avoit placé la monarchie dans le
cœur. La philosophie l'en a tirée et l'a mise
dans la tête. Elle étoit sentiment; elle est système. La société n'y gagne rien.

———

Que s'est-il donc passé dans la société, qu'on
ne puisse plus faire aller qu'à force de bras
une machine démontée qui alloit autrefois
toute seule, sans bruit et sans effort?

Le ruban que les conventionnels tendoient le long de la terrasse des Feuillans pour empêcher le peuple de passer outre, représente au naturel les précautions que la politique moderne prend pour défendre la société des entreprises du pouvoir populaire.

Les Russes sont encore un peuple nomade, au moins d'inclination, et les maisons de Moscou n'étoient que les chariots des Scythes dont on avoit ôté les roues. Aussi les Russes ont un singulier penchant à varier la distribution et l'ameublement de leurs maisons; on diroit que, ne pouvant les changer de place, ils y changent tout ce qu'ils peuvent. Cette disposition ajoute à leur force d'agression et même à leur force de résistance. C'est une entreprise insensée que d'aller avec un peuple sédentaire attaquer chez lui un peuple nomade. Mal en a pris aux Romains et aux François.

Des sottises faites par des gens habiles ; des

extravagances dites par des gens d'esprit; des crimes commis par d'honnêtes gens..... Voilà les révolutions.

Dans l'état où se trouvent aujourd'hui les deux mondes, il en faudroit un troisième où pussent se réfugier tous les malheureux et tous les mécontents. L'Amérique, dans l'autre siècle, sauva peut-être l'Angleterre d'un bouleversement total. Cette dernière ressource manque aujourd'hui au pauvre genre humain, et il ne lui reste plus de nouveau monde que *l'autre monde.*

Dans les crises politiques, le plus difficile pour un honnête homme n'est pas de faire son devoir, mais de le connoître.

Une conduite déréglée aiguise l'esprit et fausse le jugement.

L'administration doit faire peu pour les plaisirs du peuple, assez pour ses besoins, et tout pour ses vertus.

Une révolution a ses lois, comme une comète a son orbite; et la première de toutes est que ceux qui croient la diriger ne sont que des instruments; les uns destinés à la commencer, les autres à la continuer ou à la finir. L'ouvrier change à mesure que l'ouvrage avance. Bonaparte a été soumis à cette loi comme les autres, et plus que les autres.

La justice, après une révolution, est *l'arc-en-ciel* après l'orage.

L'état agricole, première condition de l'homme, est essentiellement monarchique. La propriété territoriale est un petit royaume gouverné par la volonté du chef et le service des subalternes. Aussi l'Évangile, qui est le code des sociétés, compare perpétuellement le royaume à la famille agricole. Le bon sens ou les habitudes d'un peuple d'agriculteurs sont bien plus près des plus hautes et des plus saines notions de la politique que tout l'esprit des oisifs de nos cités, quelles que soient leurs connaissances dans les arts et les sciences physiques.

————

Les agriculteurs vivent en paix, et il ne peut y avoir entre eux de rivalité ni de concurrence; les commerçants, au contraire, sont les uns avec les autres en conflit nécessaire d'intérêts; et l'on peut dire que l'agriculture, qui laisse chacun à sa terre, réunit les hommes sans les rapprocher, et que le commerce, qui les entasse dans les villes et les met en relation continuelle, les rapproche sans les réunir.

————

Quand l'État est monarchique, les municipalités sont et doivent être des États populaires. L'autorité monarchique y seroit trop sentie, parce que le sujet y est trop près du pouvoir. Ainsi autrefois en France, on se moquoit un peu des maires, des échevins, même des intendants, et les affaires n'en alloient pas plus mal. Mais lorsque la politique moderne a voulu transporter dans l'État le régime populaire, il a fallu donner aux maires et aux préfets une autorité despotique.

Ce n'est assurément pas par ambition ou par intérêt, encore moins par vanité, que quelques hommes s'obstinent à soutenir des opinions en apparence décréditées, qui ne conduisent ni aux honneurs ni à la fortune, et font taxer leurs écrits de paradoxe ou même d'exagération. C'est uniquement par respect pour leur nom, et de peur que la postérité, s'ils y parviennent, ne les accuse d'avoir cédé au torrent des fausses doctrines et des mauvais exemples.

Quand la politique a perdu de vue les principes, elle fait des expériences et tente des découvertes.

Dans un État où les mœurs classent le plus grand nombre des familles dans des professions héréditaires, les hommes qui s'élèvent ont un obstacle de plus à vaincre; ils doivent plus à la nature qu'à l'art et à l'instruction, et n'en sont que plus forts.

Les gouvernements qui exigent des peuples
de forts impôts, n'osent ni ne peuvent en exiger autre chose. Comment, par exemple, commander le repos religieux du dimanche à des
hommes qui n'ont pas assez de travail de toute
la semaine pour nourrir leur famille et payer
les subsides? Les peuples le sentent, et se dé-
dommagent en licence de ce qu'ils payent en
argent. Le gouvernement le plus fort et le
plus répressif seroit celui qui auroit le moins
de besoins, et qui pourroit n'exiger des peuples que d'être bons.

Le luxe des arts, et surtout de l'art de la
guerre, a mis les rois dans la dépendance des
peuples.

Les rois doivent punir tout ce qui s'écarte
de l'ordre, tout, car il y a des hommes et des
fautes assez punis par le pardon; mais le pardon
n'est ni oubli ni silence.

Chez les Juifs, il paroît qu'il n'y avoit point de profession infâme, il n'y avoit pas même de bourreau, au moins dans les premiers temps, puisque le peuple lapidoit lui-même les coupables ; comme encore aujourd'hui, dans les corps militaires, les soldats exécutent sur leurs camarades les sentences à peine afflictive ou capitale. Les peuples modernes n'ont pas le même respect pour l'homme, et ils avilissent les uns pour le plaisir ou l'utilité des autres.

La France, premier né de la civilisation européenne, sera la première à renaître à l'ordre ou à périr.

Quand une révolution commence ou quand elle doit finir, les obstacles qu'on oppose à ses progrès ou au retour de l'ordre, deviennent autant de moyens qui les accélèrent.

Il y a des hommes qui, par leurs sentiments, appartiennent au temps passé, et par leurs

pensées à l'avenir. Ceux-là trouvent difficilement leur place dans le présent.

La grande erreur de l'Europe est d'avoir cru
que Bonaparte étoit toute la révolution.

« Rois, gouvernez hardiment », a dit, non
un général d'armée, mais un évêque, Bossuet;
et les deux ministères les plus heureusement
hardis qu'il y ait eu en Europe, sont en France,
celui d'un cardinal encouragé par un capucin;
et en Espagne, celui d'un cordelier devenu
cardinal.

Les méchants même, lorsqu'ils sont punis,
se rendent plus de justice qu'on ne pense; on
ne risque jamais de pousser à bout que les
bons.

Que les rois sont forts quand ils savent de
qui ils sont, par qui ils sont, et pourquoi ils
sont !

Avec deux principes opposés de constitution
politique, le populaire et le monarchique, il

est plus facile de faire dans le même pays deux peuples différents et même trois, que d'y fonder une société.

——————

Les États, en général, cherchent aujourd'hui la force dans l'administration, plutôt que dans la constitution; dans les hommes, plutôt que dans les choses. Il leur faudroit toujours pour ministres, des hommes d'un esprit supérieur et d'une extrême habileté, et la nature en est avare. Encore faudroit-il que les ministres de la constitution, qui sont les corps politiques, fussent toujours d'accord avec les ministres ou agents de l'administration; ce qui n'est pas facile, parce que tous veulent quelquefois changer de rôle : ceux qui administrent veulent faire des loix, et ceux qui font des loix, administrer.

——————

Autrefois en France l'administration alloit d'habitude, et l'on ne s'occupoit même pas de la constitution; nous ressemblions à un homme robuste qui dort, mange, travaille, se repose sans songer à son tempérament. Aujour-

d'hui il faut soigner la constitution comme
l'administration, faire aller l'une comme l'autre, et les mettre d'accord si l'on peut.

Qu'est-ce que l'état de roi ? Le devoir de gouverner. Qu'est-ce que l'état de sujet ? Le droit
d'être gouverné. Un sujet a droit à être gouverné, comme un enfant à être nourri. C'est
dans ce sens que « les peuples ont des droits,
» et les rois des devoirs ».

Depuis qu'on a confié aux seules armées la
défense des États, on a pris la tactique pour la
force, et la discipline pour l'ordre.

J'aime, dans un État, une constitution qui
se soutienne toute seule, et qu'il ne faille pas
toujours défendre et toujours conserver. Ces
constitutions si délicates ressemblent assez au
tempérament d'un homme qui se porte bien,
pourvu que son sommeil ne soit jamais interrompu, son régime jamais dérangé, sa tranquillité jamais troublée, qu'il ne sorte de chez

lui ni trop tôt ni trop tard, et qu'il n'aille ni
trop loin ni trop vite.

————

M. Hume dit que les Anglois haïssent les
François beaucoup plus que les François ne
les haïssent ; cette différence tient à la différence de leurs institutions. Si elles étoient jamais ! ...êmes, la haine seroit réciproque, et
l'humanité en souffriroit.

————

La force défensive, en Espagne, étoit dans
la religion ; en France, dans la constitution ;
en Angleterre, dans la position ; en Allemagne
en général, dans l'administration. Celle-ci est
la plus foible de toutes.

————

On peut plutôt gouverner avec des foibles,
quand les institutions sont bonnes, qu'avec
des forts, quand elles sont mauvaises.

————

Un gouvernement ne périt jamais que par
sa faute, et presque toujours par d'anciennes
fautes qui en font commettre de nouvelles.

Les princes légitimes et les usurpateurs ne se soutiennent pas par les mêmes moyens, et ne périssent pas par les mêmes causes. L'usurpateur règne par des intérêts, et périt pour les avoir compromis. Le prince légitime règne par des lois, et périt pour les avoir violées.

« Les troubles, dit Montesquieu, ont tou- » jours affermi le pouvoir », comme les siéges rendent une place plus forte en en faisant connoître les endroits foibles.

Les apanages en terres pour les princes du sang royal étoient le dernier reste de la barbarie des premiers temps, où les rois partageoient le royaume entre leurs enfants; aussi cet usage a-t-il eu de fâcheuses conséquences pour la tranquillité de l'État. M. de Machault, contrôleur-général, avoit voulu l'abolir.

La royauté, sous Saint-Louis, étoit plus vénérée par ceux qui combattoient contre le

Roi, qu'elle ne l'étoit même, sous Louis XIV, par ceux qui le servoient.

———————

Ceux qui s'élèvent avec tant d'amertume contre la noblesse héréditaire, devroient provoquer une loi qui défendit aux enfants d'embrasser la profession de leurs pères. Comme un père, par une disposition aussi louable qu'elle est naturelle, désire que son fils occupe dans la société le rang qu'il y a lui-même occupé, et même, s'il se peut, un rang plus élevé, le magistrat et le militaire feront donner à leurs enfants une éducation qui les dispose à entrer dans l'une ou l'autre de ces deux professions, nobles elles-mêmes et source de toute noblesse. Dira-t-on que les enfants n'y entreront pas, s'ils n'ont pas les vertus et les talents nécessaires ? Soit ; mais à moins qu'on ne prenne des programmes de collége pour des listes de promotions, si un jeune homme n'est pas décidément reconnu pour un idiot ou un vaurien, comment savoir, avant qu'il l'ait exercé, s'il a ou s'il n'a pas les talents, et plus encore, les vertus de l'état pour lequel

il a été élevé? Il sera donc juge ou militaire,
comme son père; il ne deviendra pas, si l'on
veut, chancelier ou maréchal de France; mais
ces dignités, tout éminentes qu'elles sont,
ne constituent pas la noblesse et n'ont jamais
été héréditaires. Les mêmes motifs, et toujours plus puissants à mesure que les services
des pères seront plus anciens et plus nombreux, porteront le petit-fils aux mêmes emplois; et voilà comment s'établissent, malgré
les hommes, leurs jalousies, leurs opinions,
leurs systèmes, et par la seule force des choses,
la noblesse héréditaire et l'illustration des familles.

———————

La haine de toute illustration de famille
s'étendit, au commencement de la révolution,
jusque sur la malheureuse illustration qui
vient du crime; et les mêmes philosophes qui
vouloient plus tard abolir le préjugé qui honore une famille pour des services rendus à la
société, commencèrent par attaquer l'opinion
qui la flétrit, pour les crimes dont un de ses
membres s'est rendu coupable. Ils préten-

dirent que la société ne devoit mettre aucune différence entre la famille de du Guesclin et celle de Cartouche, et même ils placèrent l'exemple à côté du précepte; et c'est à de si pauvres esprits que, pour la honte éternelle des rois et des peuples, une Providence sévère a livré l'Europe!

Nos rois, depuis Henri IV, et nos philosophes, ont de concert décrié *la ligue*; ceux-ci, parce qu'elle avoit empêché la démocratie calvinienne de s'établir en France; ceux-là, parce qu'elle avoit fait de la religion de l'État une condition nécessaire de la royauté; ce qui, au reste, a été fait en Angleterre et ailleurs pour la religion protestante. En effet, si les ligueurs de la cour vouloient un roi lorrain ou espagnol, les ligueurs de la France vouloient un roi catholique. Quand la religion étoit attaquée, on ne séparoit pas la royauté de la religion. Aujourd'hui que la légitimité a été méconnue, on ne sépare pas la royauté de la légitimité. La France vouloit alors, comme elle veut aujourd'hui, la royauté, ou consacrée

I. 2

par la religion, ou affermie par la légitimité.
L'objet est le même, les motifs sont différents;
les ligueurs de ce temps seroient les royalistes
du nôtre, et l'auteur connoît des familles qui
en offrent l'exemple.

—————

On connoît en Europe la balance des pouvoirs, la balance du commerce, la balance des
États ou l'équilibre politique. Il n'y manque
que la balance de la justice.

—————

Quand on voit hausser les denrées de première nécessité et baisser les objets de luxe,
si cet effet est constant et général, on peut être
assuré que la population augmente, et que,
par conséquent, la richesse relative diminue;
et alors il y a dans les marchés plus de con-
currents pour ce qui est nécessaire, et moins
pour ce qui n'est que superflu : d'autres causes
sans doute agissent concurremment, mais
celle-là est la plus profonde, la plus générale,
et peut-être la moins aperçue.

Voulez-vous qu'une balance soit dans une oscillation continuelle? mettez-y deux poids parfaitement égaux, la moindre ondulation de l'air la fera hausser ou baisser : c'est là l'histoire des partis.

On dit aujourd'hui d'un homme qui a des principes fixes de morale et de politique, qu'il a des systèmes, et c'est un grand tort aux yeux de ceux qui n'ont ni assez d'esprit pour faire des systèmes, ni assez d'instruction pour avoir des principes.

Dans un État où tous les citoyens indistinctement sont admissibles à tous les emplois, il ne faudroit pas, lorsqu'ils les sollicitent, qu'ils pussent en refuser aucun, et c'est trop à la fois pour l'administration, que tous puissent demander, et que chacun puisse choisir.

On doit prendre garde, dans la distribution des emplois, de ne pas humilier celui qui n'en demande aucun.

Là où la société sera constituée sur des principes peu naturels, il y aura beaucoup d'esprits faux, de caractères bizarres, d'esprits singuliers, d'imaginations déréglées; il y aura beaucoup d'originaux et même de fous. La nature nous fait intelligents, mais la société donne à nos esprits telle ou telle direction. Après les changements religieux et politiques arrivés en Angleterre sous Henri VIII, on remarqua dans cette île une prodigieuse quantité de fous, et il y a encore plus d'hommes singuliers que partout ailleurs.

La constitution d'un peuple est son histoire mise en action. Ainsi, à ne connoître que les loix politiques d'une nation depuis long-temps anéantie, on pourroit deviner les événements de sa vie politique, à peu près comme dans l'*Anatomie comparée*, on peut refaire l'animal ignoré dont on retrouve la moindre partie, ou, comme dans l'art de la sculpture, on pourroit rétablir les proportions d'une statue dont on auroit conservé des fragments.

Là où la religion et la royauté sont trop à l'étroit, elles se font faire place ou elles se retirent.

Rapprocher les hommes n'est pas le plus sûr moyen de les réunir.

Un peuple qui solde de nombreuses armées ne sait plus se défendre, comme un homme opulent qui a beaucoup de domestiques à ses ordres, ne sait plus se servir lui-même.

Les troupes soldées sont plus propres pour attaquer, et les peuples pour défendre. Un ennemi n'attaque qu'avec une partie de sa population; un État se défend avec toute la sienne. L'un attaque par obéissance; l'autre se défend avec des sentiments.

Quelques peuples, dans les guerres de la révolution, ont défendu contre nous leur première frontière, d'autres n'ont défendu que la

dernière : là, c'étoit le courage de l'honneur ;
ici, celui du désespoir.

———

Dans *les Causes de la grandeur et de la décadence des Romains*, M. de Montesquieu
expose plutôt les moyens de l'élévation de ce
peuple ou de sa chute, qu'il n'en donne les
véritables causes. La cause de la grandeur des
Romains fut dans la partie monarchique de sa
constitution ; le principe de sa décadence, dans
la partie démocratique. Le sénat, qui repré-
sentoit la partie monarchique, avoit bien l'esprit de la monarchie, mais il n'en avoit pas les
formes. Le pouvoir y étoit collectif, et il n'avoit
qu'un pas à faire pour devenir populaire. Une
fois hors du sénat, il passa aux tribuns, aux
triumvirs, enfin aux empereurs, véritables
tribuns de la soldatesque, qui achetoient avec
des largesses le peuple du camp, comme les
Gracques et les Saturnins entraînoient avec
des partages de terres le peuple du *Forum*.
Les anciennes familles, l'honneur et la force
de Rome, avoient péri dans les troubles civils,

et il ne put s'en former de nouvelles. Dans un
ordre régulier de gouvernement, les anciennes
familles, lorsqu'elles s'éteignent, sont rempla-
cées par de nouvelles, qui, introduites dans
un corps tout formé, en prennent bientôt
l'esprit et les habitudes ; mais lorsque toutes
les antiques races périssent à la fois, l'esprit
public qu'elles formoient par leur exemple se
perd, les traditions dont elles étoient déposi-
taires s'effacent, le feu sacré s'éteint, et même,
avec des vertus et des talents, des hommes tout
nouveaux ne peuvent le rallumer. La société
finit, elle n'a plus d'avenir à attendre, parce
qu'elle n'a plus de passé à rappeler, et que
l'avenir ne doit être que la combinaison du
passé et du présent. Tant que le sénat fut roi,
le peuple romain devoit se conserver et même
s'étendre, parce qu'il étoit, comme peuple monarchique, plus fort et mieux constitué que
tous ses voisins. Quand la démocratie eut pris
le dessus, cette société chercha un chef, comme
elles le cherchent toutes, et ne rencontra que des
tyrans. Ce peuple, admirable dans ses premiers
temps, fait pitié sous ses tribuns, horreur sous

ses triumvirs, et, soumis à ses empereurs, n'excite plus que mépris et dégoût.

Les nombreux architectes qui ont travaillé à reconstruire l'édifice qu'ils avoient détruit, ont cru établir un *principe* en écrivant dans leur Code : *Article Ier*. Ils bâtissoient sur le sable, et prenoient la première pierre pour un fondement.

Toute famille qui a rendu de grands services à l'État, a rempli sa destination. Elle peut finir dans la société, puisqu'elle doit vivre dans l'histoire. Beaucoup de familles ont vécu trop d'une génération.

Tous les hommes doivent à la société le sacrifice de leur vie, les bons comme service, et les méchants comme exemple. Les ministres, les juges, les prêtres, les artisans consument leur vie et abrègent leurs jours dans des travaux souvent au-dessus de leurs forces. Les militaires font un état de donner ou de recevoir la mort. Comment, dans un état de société si prodigue de la vie des bons, la philosophie a-t-elle pu soutenir que la société n'avoit pas le droit de punir de mort même l'assassin? Pitié cruelle et insensée! elle refusoit la mort, et ne pouvoit faire grâce de l'infamie.

Là où les loix n'ont été que la volonté des plus forts, toutes les volontés des hommes puissants peuvent devenir des loix.

L'art de l'intrigue suppose de l'esprit et exclut le talent.

Les grandes propriétés sont les véritables greniers d'abondance des nations civilisées, comme les grandes richesses des corps en sont le trésor.

Pour les nations dont la constitution étoit imparfaite, tout est bon dans les nouvelles institutions que leur donne une révolution, parce qu'elles n'ont pas d'idée d'un meilleur état, et que ce qui est nouveau a toujours quelques avantages. Mais pour celles qui ont

goûté de la perfection, rien ne peut les satis-
faire que le meilleur, et elles sont inquiètes et
agitées jusqu'à ce qu'elles y soient revenues.
Bossuet et J.-J. Rousseau ont senti cette vérité,
et l'ont exprimée chacun à leur manière.
« Chaque chose, dit Bossuet avec sa grave sim-
» plicité, commence à goûter le repos quand
» elle est dans sa bonne et naturelle constitu-
» tion ». « Si le législateur se trompant dans
» son objet, dit Jean-Jacques avec plus d'ap-
» prêt et d'emphase, établit un principe diffé-
» rent de celui qui naît de la nature des choses,
» l'État ne cessera d'être agité jusqu'à ce qu'il
» soit détruit ou changé, et que l'invincible
» nature ait repris son empire ». Ainsi, l'inquiétude et l'agitation pour un peuple comme pour
un homme, sont des indices certains de mal-
aise et de fausse position ; et quand les sots
disent qu'un peuple n'est pas mûr pour une
loi, pour une institution qu'ils veulent lui
donner, parce qu'il les rejette, et ne peut y
plier son esprit et ses habitudes ; les habiles
voient dans cette répugnance une preuve de
sagesse et de raison : nous, par exemple, nous

étions trop avancés, est surtout trop sages et trop habiles pour beaucoup de loix que nous ont données, pendant dix ans, nos infatigables régénérateurs.

Dans les débats politiques, l'orgueil, toujours injuste, accuse de mauvaise foi ceux qu'il n'ose taxer d'ignorance.

C'est une *prime* accordée au vice qu'un mauvais exemple donné par l'autorité.

Il connoissoit aussi peu la vérité que les devoirs de l'homme de bien, le foible philosophe qui disoit qu'il se garderoit bien d'ouvrir la main, s'il y tenoit renfermées toutes les vérités : il entendoit sans doute parler de celles qu'on nous a depuis si largement prodiguées.

On confond beaucoup trop le devoir d'opiner avec le devoir d'obéir. Le sujet peut obéir à la conscience du gouvernement ; le magistrat ne doit opiner que selon la sienne.

L'opposition, inévitable dans tout gouver-

I.

nement représentatif, y est toujours dangereuse : elle intimide le gouvernement quand il
faudroit l'enhardir ; elle l'irrite et le pousse
quand il faudroit le retenir ; et peut-être partout où l'opinion du gouvernement est bien
connue, ceux qui ne la partagent pas, et qui
sont en état de la combattre, devroient s'abstenir de prendre part à la législation.

———

La religion, l'honneur, la royauté ont aujourd'hui en France la force de choses antiques et la grâce d'une nouveauté.

———

L'opinion est indulgente, en Angleterre, sur
les variations politiques, et sévère en France,
même sur les conversions religieuses. Cette
différente manière de voir et de sentir ne sera
pas sans influence sur notre gouvernement.

———

Les erreurs font les partis ; les passions in-
triguent ; et il y a aujourd'hui en France trop
de raison et de lumières pour qu'il puisse y
avoir de véritables *partis*, et trop de passions
pour qu'il n'y ait pas des intrigues.

Le monde moral et politique, comme le monde physique, n'a plus ni printemps ni automne. On ne voit qu'opinions qui glacent, ou opinions qui brûlent.

Quel état de société que celui où ce qui étoit crime la veille, devient loi le lendemain !

Le tutoiement s'est retranché dans la famille; et après avoir tutoyé tout le monde, on ne tutoie plus que ses père et mère. Cet usage met toute la maison à l'aise : il dispense les parents d'autorité et les enfants de respect.

Les hommes trop souvent se placent entre eux dans la société comme les corps dans les fluides : les plus pesants descendent, les plus légers s'élèvent.

Les corporations d'arts et métiers étoient pour les classes inférieures une sorte de noblesse municipale et même héréditaire, qui

donnoit de l'importance et même de la dignité
aux individus les plus obscurs et aux professions les moins relevées. Ces corporations étoient
en même temps des confréries, et c'est surtout
ce qui a excité la haine des philosophes qui
poursuivoient la religion jusque dans les plus
petits recoins. Cette institution, tout-à-fait monarchique, avoit en administration les plus
grands avantages, et le pouvoir des *maîtres* con-
tenoit cette jeunesse sans éducation, que la nécessité d'apprendre un métier et de gagner sa
vie, soustrait de bonne heure au pouvoir pa-
ternel, et que son obscurité dérobe au pouvoir
public. Enfin, l'hérédité des professions méca-
niques servoit encore aux mœurs publiques, en
opposant une digue aux changements ruineux
et ridicules des modes.

Il y a dans les crises politiques des hommes
et des états du genre masculin, du genre fé-
minin et même du genre *neutre*.

Quand les esprits nés pour gouverner de-

viennent rares, on multiplie les délibérations
et les conseils. Le vaisseau qui n'a plus de boussole se dirige par *estime*.

Pascal dit quelque part qu'on peut ôter aux
Parisiens leurs priviléges et leurs franchises,
mais qu'il faut bien se garder de leur ôter leurs
enseignes. Nombre d'écrivains se croyant philosophes, ont regardé comme une preuve du
peu de lumières et de la barbarie du peuple
moscovite, que Pierre-le-Grand ait eu moins
de peine à changer ses loix qu'à lui faire quitter
la barbe et l'habit long. J'y vois au contraire
une preuve de raison et un sentiment très-
juste de liberté personnelle; c'est qu'effectivement le peuple distingue très-bien ce qui est
du ressort de l'État et du gouvernement, de ce
qui appartient en propre à l'homme et à la
famille. Les priviléges, les franchises, les loix
sont des concessions ou des actes de l'autorité publique, et elle peut les révoquer ou les
changer. La barbe et l'habit appartiennent à
l'homme, et l'État n'y a aucun droit.

Dans la société comme au théâtre, le public
a un sentiment du bon et du mauvais, qui est
plus sûr et plus prompt qu'un jugement ré-
fléchi.

L'autorité doit punir le crime : elle le doit
aux méchants plus encore qu'aux bons, parce
qu'elle doit la justice avant la vengeance.

On a un peu trop, dans ces derniers temps,
regardé comme dangereuses pour un citoyen
d'un État monarchique, les maximes républi-
caines que les jeunes gens trouvent dans les
écrivains de l'antiquité. Les enfants pi. .oient
dans l'histoire ancienne des sentiments et non
des principes, et j'aime assez, je l'avoue, dans
un homme, ce mélange de sentiments d'indépendance républicaine et de principes d'obéissance et de fidélité monarchiques : c'est là, si
l'on y prend garde, ce qui constituoit *l'esprit
françois*, et ce qui fait l'homme fort dans une
société forte. Il est vrai aussi que l'histoire des
anciens a été écrite avec peu de discernement,

et surtout avec peu de connoissances politiques.

Beaucoup de gens lisent dans l'histoire, et écrivent sur l'histoire; très-peu lisent et écrivent l'histoire.

Les États modernes ont bien plus d'hommes à gouverner que les États anciens, même les plus peuplés, parce que les esclaves, partie si considérable de la population, gouvernés despotiquement par le pouvoir domestique, étoient hors de l'action du pouvoir public, qui ne s'occupoit guère d'eux que pour les tuer lorsqu'ils se révoltoient, et jamais pour les nourrir, ou même améliorer leur sort. Il me semble que cette observation a échappé aux législateurs modernes, qui ont affoibli et borné l'action des gouvernements, lorsqu'elle auroit dû être plus forte et plus étendue.

Le pouvoir, dans toute société, se partage entre la famille et l'État, entre la religion et le gouvernement; quand il en manque d'un côté, il en faut davantage de l'autre. Si le pouvoir

public est foible, le pouvoir domestique doit
être plus fort; et c'étoit là l'état des sociétés anciennes. Chez les peuples chrétiens, où le pouvoir public est plus fort, l'autorité paternelle
peut être plus douce. Si le frein de la religion
se relâche, il faut renforcer l'action du gouvernement, et multiplier les agents de la police
à mesure que le nombre des ministres de la
religion diminue. Si tous les pouvoirs s'affoi-
blissoient à la fois, si la royauté devenoit un
objet de suspicion et d'alarmes, la religion un
objet d'indifférence ou de haine, l'autorité paternelle un sujet de discussion, tout périroit
à la fois, la religion, l'État et la famille.

———————

Le déni de justice, ou plutôt de jugement,
dissout la société publique, en rendant à la famille le droit de défense personnelle, et en la
replaçant ainsi dans l'état où elle se trouvoit
avant tout établissement d'État politique.

———————

Les hommes qui constituent les États avec
leurs opinions personnelles, les administrent
avec leurs intérêts.

Il faut avoir des principes sûrs de politique
pour tirer quelque profit de l'expérience des
événements, par la même raison qu'il faut
connoître sa route pour se remettre dans le
chemin.

En Angleterre, on condamne l'auteur ou
l'imprimeur d'un ouvrage répréhensible à une
détention de toute la vie, en le taxant à une
amende qu'il ne pourra jamais payer. En
France, nous n'aurons pas cette ressource ; et
quand la loi l'ordonneroit, les mœurs ne le
permettroient pas.

Heureusement pour l'Angleterre, elle a conservé de vieux sentiments, avec ou plutôt malgré
ses institutions. En France, on avoit travaillé à
nous ôter nos sentiments avant de changer nos
institutions. La révolution d'Angleterre fut un
accident, la nôtre a été un système.

Les gouvernements ne suffiront plus bientôt à l'administration. Les peuples se gouver-

nent par des exemples plutôt que par des loix,
et par des influences plus que par des injonctions. Mais quand la population s'accroît,
la richesse relative diminue, c'est-à-dire que
les classes qui reçoivent l'exemple augmentent
seules de nombre, et que celles qui le donnent,
en s'appauvrissant, perdent de leur influence
et de leur considération, ou même retombent
dans la classe du peuple. Alors le gouvernement est réduit à ses tribunaux et à ses soldats, et l'administration devient impossible,
parce qu'elle est à la fois et trop dispendieuse
et trop dure. L'administration des Etats dans
l'antiquité n'étoit presque que le pouvoir des
maîtres sur les esclaves. L'administration des
Etats chrétiens jusqu'à nos jours, n'étoit que
l'influence des classes supérieures sur celle du
peuple; bientôt il n'y aura que des *autorités*
et plus d'influences. L'absence des influences
locales qui préparent et facilitent l'action de
l'administration, est la grande plaie politique
de l'Europe, et la cause des embarras inextri-
cables de ses gouvernements.

Depuis que la physique a découvert le moyen de préserver les édifices de la foudre, je ne connois qu'un malheur public dont les gouvernements soient tout-à-fait innocents.... un tremblement de terre.

Quels sont les rapports de l'Etat et de la famille, du pouvoir public et du pouvoir domestique? Grande question qui devroit commencer tous les traités de politique, et que les publicistes n'ont pas même aperçue!

L'objet de la famille est la production des individus, l'objet de l'Etat est la conservation des familles, parce que l'Etat est une société de familles, comme la famille est une société d'individus.

La famille existe avant l'Etat, et peut exister sans l'Etat. L'Etat n'a existé qu'après les familles, et ne peut même exister sans elles; il n'a rien que ce que chaque famille lui donne, ou ce que toutes les familles lui ont donné.

La famille, qui consiste en hommes et en propriétés, doit à l'Etat une partie de ses hommes et de ses propriétés, dont il compose la force publique destinée à assurer la conservation des familles.

Si l'Etat exige trop, il ruine la famille ; si la famille ne donne pas assez, elle affoiblit, elle appauvrit l'Etat, et tout périt, l'Etat par la ruine des familles, la famille par la foiblesse de l'Etat.

Le service de l'Etat est assuré par le contingent en hommes que fournit la famille, et par le contingent qu'elle fournit sur sa propriété.

La fixation de ce contingent en hommes et en propriétés est la grande affaire des Etats et des familles, et peut devenir la cause des révolutions des uns et de la ruine des autres.

Cette fixation doit être faite pour les temps ordinaires, c'est-à-dire pour les temps de paix et de tranquillité. L'état accidentel et extraordinaire, celui de guerre et de trouble, ne peut être soumis à des loix, et il le faut abandonner à la sagesse du gouvernement et au besoin des circonstances.

Au reste, il s'agit moins de savoir ce que l'État peut demander de la famille, que ce qu'il ne doit pas en exiger.

Et, par exemple, l'État ne doit jamais prendre pour le service militaire l'aîné d'une famille, et il doit le laisser au père, à la mère, à ses frères, à la culture des terres. Aussi le droit de primogéniture a-t-il été respecté chez les peuples anciens, et n'a été méconnu chez les peuples modernes que dans des temps de révolution et de désordre. La raison de ce droit de primogéniture n'est pas, comme on l'a dit quelquefois, dans les premières affections des parents, car les premières comme les dernières doivent être égales pour tous les enfants; la raison en est dans les besoins de la société, qui demande que le pouvoir domestique ne soit jamais vacant ou absent; et qu'il puisse à tout instant, et en cas de mort du père, être exercé par un *régent* ou par le successeur : aussi dans quelques contrées de l'Europe, la mère, à la mort de son époux, remet les clefs à son fils aîné, en aveu et reconnoissance de sa nouvelle dignité.

La fixation de la quotité de l'impôt (foncier) peut aussi être soumise à des règles, et l'on pourroit faire le budget de la famille, comme on fait celui de l'Etat.

A la vérité, la même proportion d'impôt foncier qui seroit trop forte pour les fortunes médiocres ne le seroit pas assez pour les fortunes plus considérables; mais les impôts indirects dont les riches payent plus que les pauvres, et à proportion de leurs jouissances et de leurs besoins, peuvent toujours compenser les inégalités inévitables de l'impôt foncier.

Les peuples anciens pouvoient payer le dixième, mais les peuples modernes ont plus de besoins, et les arts ont multiplié les jouissances, qui sont devenues des besoins.

La fortune publique ne peut que gagner à une quotité modérée d'impôt territorial, parce que le propriétaire emploie en amélioration de culture ce qu'il ne paye pas en impôt.

En général, dans la question de l'impôt, on n'a considéré que les besoins de l'Etat et jamais ceux de la famille. Mais si l'Etat doit se conserver, la famille doit vivre; et si l'Etat avoit dans les temps ordinaires des besoins tels qu'il ne pût y subvenir qu'en prenant sur le nécessaire de la famille, il y auroit certainement un vice radical d'administration ou de constitution.

L'Etat qui prend trop sur les hommes et les propriétés de la famille, est un dissipateur qui dévore ses capitaux.

Je crois qu'il ne faudroit pas aujourd'hui d'impôt foncier chez un peuple agricole, mais seulement des impôts indirects. L'Etat qui impose la terre, prend sur son capital; quand il impose les consommations, il vit de son revenu.

Chez les Juifs, une loi faisoit retirer du combat l'homme qui avoit épousé la jeune femme qu'il n'avoit pas encore rendue mère, bâti une maison qu'il n'avoit pas habitée, ou planté une vigne dont il n'avoit pas encore cueilli le fruit. C'étoient des délicatesses d'humanité qui sont inconnues à notre fastueuse philanthropie.

Partout où il y a beaucoup de machines pour remplacer les hommes, il y aura beaucoup d'hommes qui ne seront que des machines. L'effet des machines, en épargnant les hommes, doit être à la longue de diminuer la population.

La disposition à inventer des machines qui exécutent le plus de travail possible avec le moins de dépense d'intelligence de la part de l'ouvrier, s'est étendue aux choses morales. Le juge lui-même, au criminel, est une machine qui ouvre un livre, et marque du doigt la même peine pour des crimes souvent fort inégaux ; et les bureaux ne sont aussi que des machines d'administration.

Bonaparte avait un instinct confus de la fonction que la France doit exercer en Europe ; mais il s'est trompé, en prenant dans un sens matériel ce qui doit être entendu au moral, et en mettant une domination à la place d'une magistrature.

Il y a des pertes irréparables pour l'homme;
il n'y en a pas pour la société. Le temps manque à l'un, et non à l'autre.

Il n'y a eu en Europe pendant vingt ans
que des vues courtes et fausses en politique,
parce qu'il n'y a eu aucune vue religieu.. ,
car il n'y a que la religion qui entende ..
politique.

Il faut considérer la religion en homme d'É-
tat, et la politique en homme religieux : Suger,
Ximenès, Richelieu, ne les ont jamais séparées.

En Angleterre, jusqu'à sa dernière révolution, l'État avoit empiété sur le particulier,
et les *Cours de haute commission*, ou les *Chambres étoilées*, avoient mis à la disposition du
prince les biens, la personne, et jusqu'à la
pensée des sujets. Depuis la révolution de 1688,
le particulier a empiété sur l'État. « Les chan-
» gements introduits depuis le règne des Stuarts,

» dit Hume, ont rendu la liberté et l'indépen-
» dance des particuliers plus pleines, plus en-
» tières, mieux assurées, et celles du public
» plus incertaines et plus précaires ». Dans ce
gouvernement, il est, dans les temps ordinaires, plus aisé au particulier de constituer en
prison son débiteur, qu'au roi de faire arrêter
un séditieux, et il est moins dangereux pour
sa liberté personnelle d'ourdir une conspira-
tion que d'endosser une lettre de change ; c'est
ce qu'on appelle la liberté publique.

J'admire qu'on tienne tant à la liberté individuelle chez des peuples qui en font si peu de
cas, que les trois quarts au moins des citoyens
l'hypothèquent journellement dans des engagements de commerce qui entraînent la contrainte par corps, et chez qui l'on peut faire
arrêter et retenir en prison son voisin, son
ami, son frère, son père même pour une *traite*
de quelques francs ; il est assez singulier que
la classe occupée de commerce soit précisément
celle qui réclame avec tant de chaleur la liberté politique, religieuse, littéraire, lorsque

le commerce lui-même, peu estimé pour cette raison des Romains et même des Francs, a porté une si rude atteinte à la liberté personnelle.

———————

On a long-temps disputé chez nos voisins sur l'obéissance *passive* au souverain, et ils ont fini par la résistance la plus *active*; ils n'ont jamais bien entendu cette question. L'obéissance, au contraire, doit être *active* pour être entière, et la résistance *passive*, pour être insurmontable.

———————

Le pouvoir n'est un si grand sujet de division parmi les hommes que, parce qu'il ne peut être un objet de partage : les richesses, les titres, le faste, qui sont l'extérieur du pouvoir et comme ses vêtements, peuvent se partager; mais le pouvoir lui-même est indivisible, c'est *la tunique sans couture*, qu'on ne peut partager sans la déchirer; dans les révolutions, elle se tire au sort entre les soldats, et le plus heureux l'emporte.

Quand les rois étoient de Dieu, l'insulte et l'injure contre leur personne étoient regardées comme un homicide de l'être moral, et punies comme un sacrilége; quand ils ne sont plus que de l'homme, la loi ne voit en eux qu'un être physique; elle ne venge que leur assassinat, et le plus sanglant outrage fait au roi ne seroit puni que d'un changement de domicile.

Quelle haute idée nos pères ne devoient-ils pas avoir de la royauté, puisqu'ils respectoient des rois qui marchoient pour ainsi dire au milieu d'eux, dépouillés de tout l'éclat qui les environne aujourd'hui !

La succession au trône, dévolue aux femmes à l'exclusion des mâles, en usage dans quelques États, menace la tranquillité de tous; elle a le grand danger de détrôner des familles vivantes, qui contrarient la marche générale de la société en descendant quand toutes les autres montent, et qui vont cherchant partout des trônes à occuper.

A toutes les phases de la révolution, les révolutionnaires ont dit, comme les apôtres sur
le Thabor : *Il fait bon ici, faisons-y des tentes;*
mais ils n'ont fait que des tentes, et ils ont
toujours pris une *halte* pour un séjour.

On dit communément que la peine poursuit
le coupable; il est aussi vrai de dire que le
coupable poursuit la peine : les succès passagers de la révolution et de l'usurpation sont un
piége tendu sur le chemin de bien des gens, et
dans lequel tomberont tous ceux qui croyent
qu'on recommence à volonté les révolutions
de la société, et comme une représentation de
théâtre.

Ce n'est pas sans raison qu'on applique aux
esprits des expressions tirées des propriétés des
corps, et qu'on dit un esprit léger, un esprit
superficiel, un esprit profond. L'esprit léger
ne voit dans les objets que des points et des
lignes; l'esprit superficiel en voit la surface;

l'esprit profond en embrasse les trois dimensions et en pénètre la solidité.

———

Les personnes qui ont, comme ont dit, le compas dans l'œil, éprouvent une sensation de mal-aise dans un appartement irrégulier, où le défaut de parallélisme entre les côtés est trop sensible; la même chose arriveroit aux esprits très-droits qu'une révolution auroit placés dans un ordre de choses politique faux et contre nature.

———

L'homme qui a désiré et demandé un emploi public, a contracté envers la société l'obligation d'être habile, et même l'obligation d'être heureux, et le malheur peut lui être imputé à faute.

———

La diplomatie, dans les derniers traités de paix, a arrangé l'Europe d'une manière; une habile politique l'auroit arrangée d'une autre; l'une a soigné des intérêts locaux ou personnels; l'autre auroit travaillé pour les intérêts

généraux de la société européenne; elle auroit
vu où étoit le danger et où pouvoit être le remède, dans quelle vaste étendue de pays la
nature avoit répandu la plus grande force
d'agression, et dans quelles limites elle avoit
resserré la plus grande force de résistance.

———

Qu'il y a eu de force dans les armées de l'Europe, et de foiblesse dans ses conseils! La réunion de toutes les puissances chrétiennes dans
un même lieu, événement sans exemple, et
le plus solennel de l'histoire du monde, auroit
dû être *le jugement dernier* de la société; elle a
été,..... un arrêté de compte.

———

L'histoire des sociétés anciennes qui étoient
en révolution permanente, et celle des sociétés modernes, dans le temps qu'elles ont été en
révolution passagère, est plus intéressante que
celle des Etats constamment tranquilles, parce
qu'elle est plus anecdotique et qu'il y a plus
d'incidents et d'épisodes dans le désordre. On
fait l'histoire de la maladie d'un homme, mais

comment faire celle de sa santé? C'est ce qui
répond au reproche adressé à nos historiens,
de n'avoir pas égalé ceux de l'antiquité.

———

La politique moderne a deux *données* qu'elle
croit infaillibles pour juger de la prospérité
d'un Etat ou de sa décadence, le registre des
naissances, et celui des importations et expor-
tations ; j'aimerois mieux la liste des communions à Pâques, et le registre des tribunaux
criminels.

———

Madrid est la seule capitale de l'Europe, et
peut-être du monde, qui ne soit pas située sur
un fleuve navigable, ou sur les bords de la
mer. C'est un avantage immense pour l'Espagne, dont la capitale ne peut pas, comme tant
d'autres, s'agrandir démesurément ; en effet,
le transport par terre de toutes les choses nécessaires à la vie est beaucoup trop coûteux
pour qu'une grande population puisse se former et subsister dans l'enceinte d'une ville
qui ne peut pas s'approvisionner par le transport par eau. Un ministre croiroit peut-être

illustrer son administration en ouvrant à Madrid un canal de navigation, et je crois même qu'on s'en est occupé; il ne seroit qu'affoiblir l'Espagne et préparer des embarras à son gouvernement.

———————

C'étoit depuis long-temps un *lieu commun* de déclamations, que les vices du gouvernement et même du caractère espagnol; j'avoue que je ne conçois pas ce qui pourroit manquer à un peuple qui, après avoir sans gouvernement, et même malgré son gouvernement, maintenu avec un courage et une constance au-dessus de tout éloge son indépendance contre la puissance qui avoit asservi l'Europe, est rentré paisiblement sous le joug des loix et du pouvoir, et s'est ainsi défendu de lui-même, de ses ennemis, et même de ses amis : n'y changez rien si vous voulez qu'il reste le même. L'Espagnol est sobre, loyal, patient et désintéressé; il est fier, il est brave, il est religieux. Que lui veut-on de plus, ou de moins? Il a les défauts de ses vertus, mais il n'a pas de vices.

Si l'on connoissoit les ténébreuses intrigues des gouvernements les uns contre les autres, depuis trois siècles, pour se nuire et s'affoiblir réciproquement, on seroit effrayé de leurs résultats, pour ceux qui y ont été les plus habiles et même les plus heureux.

Aujourd'hui que le siége du gouvernement, le centre de l'administration, le séjour des grands propriétaires se trouvent dans les capitales, leur conquête par l'ennemi peut entraîner les plus grands maux. Toute capitale tend donc à se placer au centre, et par conséquent à reculer sa frontière si elle en est trop voisine. Ainsi, un prince qui placeroit sa capitale trop près de la frontière, donneroit à son voisin de ce côté un juste sujet d'appréhension. C'est ce qui est arrivé entre la Russie et la Suède; et le jour où Pierre Ier fonda Saint Pétersbourg à l'extrémité de son empire, la Suède fut menacée et la Finlande fut conquise.

Jadis quand on avoit bâti dans une même enceinte la maison de Dieu, la maison du roi et la maison des pauvres, la cathédrale, le palais de la justice et l'Hôtel-Dieu, on croyoit avoir bâti une *cité*; et à Paris même la Cité, dans son origine, n'étoit pas autre chose. Aujourd'hui il faut encore, il faut surtout, des théâtres, la bourse, des académies, des casernes et des maisons de détention.

Bonaparte appeloit rétablir la religion, donner la légion d'honneur aux évêques, des tableaux aux églises, des règlements aux marguilliers, et des salaires aux curés.

Autrefois on ne parloit en France que de la force des loix, aujourd'hui on n'entend plus parler que de *la force armée*. Ce changement est-il un effet du progrès des lumières?

La diffusion des lumières n'est pas leur progrès, ni même un progrès.

Ceux qui s'extasient sur le progrès des lumières, sont ceux que la révolution a élevés ou enrichis. Ils ont raison, car ils entendent par le progrès des lumières l'art de faire fortune, qui certainement s'est perfectionné et a acquis à la fois plus de fécondité d'invention, plus de grandeur dans son objet, et de célérité dans ses moyens.

La constitution d'un État en est le tempérament, et l'administration en est le régime. Cette vérité est consignée dans notre langue, qui, en parlant de l'homme, dit indifféremment tempérament ou constitution. L'homme dont le tempérament est fort, peut impunément se permettre des écarts de régime et même des excès. Si le tempérament est foible, le régime doit être sévère. Ainsi, dans quelques États, les fautes de l'administration étoient sans danger; dans quelques autres, elles seroient sans remède.

C'est, je crois, une grande erreur de vouloir

tracer des lignes précises de démarcation entre
le pouvoir et l'obéissance, et poser à l'avance
dans la constitution des sociétés, des limites
fixes au pouvoir du chef, à la coopération de
ses agents, aux devoirs des sujets. Si les limites
sont marquées, chacun en temps de guerre se
porte à son extrême frontière, les partis sont
en présence et le combat s'engage; et au lieu de
disputer pour déterminer les limites, chacun
s'efforce de les reculer. S'il reste un nuage sur
ces questions délicates, on passe à côté les uns
des autres sans se rencontrer, on va quelquefois
de part et d'autres un peu trop loin; mais après
quelques excursions, chacun rentre sur son
terrain. C'est là l'histoire des démêlés de nos
anciennes cours de magistrature avec l'autorité
royale ou plutôt avec les ministres. Dieu lui-
même a voulu nous laisser ignorer comment
il influe sur notre liberté et triomphe de notre
résistance; et l'on a bien plus disputé sur le
pouvoir de Dieu et le libre arbitre de l'homme,
que sur le pouvoir des rois et la liberté politique; ce qui n'empêche pas que Dieu ne soit
tout-puissant et que nous soyons tout-à-fait

libres. Si jamais il prenoit envie à des législateurs de déterminer avec précision le pouvoir et les devoirs des pères et des enfants,
des maris et des femmes, des maîtres et des
serviteurs, la société de famille seroit impossible. Il y a quelque chose de semblable chez
les Chinois, au moins pour les choses extérieures, et c'est aussi le peuple le plus ridicule, le plus corrompu et le plus borné de la
terre. «Tu honoreras ton père et ta mère», a
dit le Législateur suprême; et dans ce peu de
mots, il a renfermé tous les pouvoirs et tous
les devoirs publics et privés, et malheur au
peuple obligé d'en faire le commentaire, et
d'écrire les mœurs comme les loix ! On a beau
faire, il faut, dans un État comme dans une
famille, un pouvoir *discrétionnaire*, ou bientôt
la société tout entière, chefs et subalternes,
ne sera qu'un troupeau d'automates.

On n'aura jamais de tribunaux forts avec
des loix foibles, et même les tribunaux seront
toujours plus foibles que les loix.

L'Angleterre doit tout ce qu'elle possède à la nature et à sa position, et tout ce qui lui manque aux hommes et à leurs loix.

Les Anglois renvoient leurs femmes au dessert, et les placent sur le trône. En France, au contraire, les femmes sont tout dans la famille et rien dans l'État. Nous étions en tout plus près de la nature, qui, en faisant l'homme pour les soins publics, a fait la femme pour les soins domestiques. Cette différence de principes constitutifs explique la différente destinée des deux peuples.

Les catholiques d'Orient, au temps des disputes théologiques qui agitoient le Bas-Empire, étoient appelés, par les Ariens, *melchites* ou *royalistes*, du mot arabe *melk*, qui signifie *roi*. C'est, comme on voit, une vieille passion.

Le roi de Prusse Frédéric II est un des rois

qui a le plus affoibli la vénération pour la royauté, tout en attirant l'admiration sur sa personne. Il est trop souvent descendu du piédestal pour se mêler à la foule, et faire beaucoup de choses que les rois doivent laisser aux autres hommes. Un roi qui veut être auteur et philosophe, devroit être le premier des philosophes et des écrivains.

On ne parle jamais que de l'oppression publique ou politique que les gouvernements exercent sur les peuples, et jamais de l'oppression privée ou domestique que l'homme exerce sur son semblable. La séduction de la femme ou de la fille de son prochain, un procès injuste qu'on lui suscite, une calomnie, une usurpation de sa propriété, même colorée d'un titre légal, une vente frauduleuse ou à trop haut prix, un payement de dettes ou de salaires refusé ou même différé trop long-temps, un tort enfin fait à son semblable, dans sa personne, son honneur ou ses biens, sont autant d'actes d'oppression contre lesquels

les loix sont trop souvent impuissantes, et qui
sont bien plus fréquents, surtout bien plus
sensibles que des actes d'oppression publique,
qui pèsent de si loin et sur tant de têtes, et
auxquels l'homme obscur et tranquille échappe
toujours. Ce sont encore des actes d'oppression, que des exemples pernicieux, des leçons
de corruption, des ouvrages impies ou licen-
cieux. Les plus zélés partisans de la liberté
individuelle, de la liberté politique, de la
liberté de la presse et de toutes les libertés,
et qui prêchent avec le plus de chaleur la
résistance à l'oppression, n'ont garde de parler
de celle-là ; et tous tant que nous sommes, qui
souffrons avec tant d'impatience l'autorité de
nos supérieurs, nous sommes trop souvent les
tyrans de nos égaux. Il est utile de remarquer
que l'oppression que j'appelle privée ou domestique, par opposition à l'oppression publique ou politique, n'est nulle part plus
fréquente que dans les États réputés libres, et
qu'elle y fait en quelque sorte partie de leurs
libertés. Il se commettoit bien plus de délits
en Angleterre qu'en France, malgré la diffé-

rence de population des deux États; il y avoit
beaucoup plus de procès; le recours à la justice civile ou criminelle y étoit plus long,
plus dispendieux, plus incertain, et même la
lenteur et la complication des formes judiciaires y est, dit-on, un effet ou une sauvegarde de la liberté. En général, il y a plus
d'oppression privée là où il y a plus de liberté
publique, telle qu'on l'entend aujourd'hui, et
qui n'est autre chose que l'affoiblissement du
pouvoir, et par conséquent plus d'impunité
et de facilité pour le désordre.

Le *Traité des Délits et des Peines* de Beccaria
a eu, dans un temps, toute la vogue qu'obtenoit alors un livre faux, et par conséquent
dangereux. Lorsque les crimes ont perdu,
comme les esprits, leur simplicité primitive,
la justice, qui en apprécie la gravité, devroit
être une combinaison de la raison, et Beccaria
en a fait un tarif.

Il faut, dans un État, punir plus que ré-

compenser, par la même raison que, dans
une marche militaire, on reprend ceux qui
quittent les rangs, et qu'on ne dit rien à ceux
qui les gardent.

———

De petites récompenses pour de grands services offensent l'amour-propre; mais de grandes
récompenses pour de petits services corrom-
pent les mœurs.

———

Les princes ont un singulier penchant à
accorder à ceux qui demandent, à employer
ceux qui se présentent, et à croire des talents
à ceux qui s'en donnent.

———

Les foibles sont sensibles à l'ingratitude, et
les forts à l'injustice. L'ingratitude blesse le
cœur; mais elle flatte l'orgueil, et laisse au
bienfaiteur toute sa supériorité. L'injustice
humilie; elle est aveu forcé de dépendance,
et elle fait trop sentir à l'homme l'infériorité
de sa position.

L'école de Bonaparte a pu former quelques administrateurs, mais elle ne pouvoit pas faire des hommes d'État.

Tous sont propres à détruire, peu à réédifier. Si l'on donnoit à une troupe de marmots le château des Tuileries à démolir, les plus petits casseroient les vitres, les autres briseroient les portes ou mettroient le feu aux charpentes, et l'édifice, malgré sa solidité, seroit bientôt en ruine; mais si on leur donnoit une chaumière à construire, ils ne sauroient comment s'y prendre, parce qu'il faut, pour bâtir, un plan, un ordre de pensées et de travaux, et qu'il ne faut rien de tout cela pour détruire. C'est là l'histoire des révolutions, et la raison du grand nombre des talents révolutionnaires que l'on a trouvés jusque dans les derniers rangs, et que les sots admirent.

La Politique d'Aristote est, je crois, le plus

mauvais ouvrage de ce philosophe, et il y a
de quoi perdre sens et raison à vouloir l'expliquer. Et comment auroit-il pu traiter de la
politique lorsqu'il n'y avoit dans l'univers que
des peuples tyrans ou des peuples esclaves?
Son dernier traducteur dit qu'il faut juger
avec circonspection un homme qui a étudié
cent cinquante-huit constitutions différentes,
comme s'il y en avoit plus de deux, une
bonne et conforme à la nature des hommes
et de la société, une mauvaise et contre la nature de l'un et de l'autre, celle de l'unité de
pouvoir, et celle de la pluralité des pouvoirs.
Mais Aristote et son traducteur prennent des
municipalités pour des États, et des règlements de police pour des constitutions.

A lire tout ce que dit l'abbé de Mably, dans
des observations sur l'histoire de France, des
vices de tous les ordres de l'État, il est mira-
culeux que les François ne fussent pas devenus
pires que les Hottentots. Si l'on veut ignorer à
jamais notre histoire et notre constitution, il

faut lire cet auteur, qui a traité de la politique comme son frère Condillac de la métaphysique.

———

Dans les premiers temps, la royauté étoit
autant magistrature que généralat d'armée;
dans le second âge, et chez les peuples que
nous appelons les anciens, elle étoit plutôt
commandement des armées que magistrature.
Aujourd'hui elle a suivi les progrès de la civilisation, elle est devenue ce qu'elle doit être
dans des sociétés bien constituées, plus civile
que militaire, et s'appuye plutôt sur la force
des loix que sur celle des armes.

———

Rien dans les parties fondamentales de
notre ancienne constitution n'étoit de main
d'homme, et c'est ce qui a fait dire aux uns
et croire aux autres que la France n'avoit pas
de constitution.

———

C'est l'habitude d'être gouvernée par la nature qui rend la France moins docile aux loix données par les hommes.

———

Bonaparte avoit été obligé d'employer une force excessive dans son administration, parce qu'il n'y en avoit aucune dans sa constitution. L'exemple est séduisant, mais il est dangereux.

———

On ne persuade pas aux hommes d'être justes, on les y contraint. La justice est un combat : elle ne s'établit pas sans effort, et c'est pour cette raison qu'il a été dit : « Heureux ceux » qui souffrent persécution pour la justice ».

———

La justice sévère fait les peuples forts. Les supplices sanglants font les peuples féroces. Il faut effrayer l'imagination, et laisser les sens tranquilles. Le peuple doit attacher au supplice une idée d'infamie plutôt que de douleur. La mort doit être prompte, et surtout sans effusion de sang. La peine capitale aujourd'hui en usage en France est précisément le contraire; elle n'avilit plus, et elle est san-

glante. C'est un contre-sens, et plus grave
qu'on ne pense.

—————

Dieu seul punit, parce que seul il peut
égaler la peine à la faute. Les hommes ne punissent pas, même en faisant mourir le coupable ; ils ne font que le bannir de la société,
et le renvoyer un peu plus tôt devant son juge
naturel.

—————

Si la société n'avoit pas le pouvoir d'infliger
à un assassin la peine capitale, la nature auroit refusé à l'homme la force physique de
donner la mort à son semblable.

—————

Dieu commande à l'homme de pardonner,
mais en prescrivant à la société de punir.

—————

Le gouvernement qui affecte l'indulgence
s'expose au danger d'une inflexible sévérité.

—————

L'esprit de notre ancienne jurisprudence

criminelle étoit de venger la société. L'esprit
de la nouvelle est de sauver le prévenu.

———

Ceux qui se plaignent des mesures sévères
employées contre eux ou contre leurs amis,
oublient qu'en ôtant au gouvernement le pouvoir et la force de tout punir, ils lui ont ôté
le pouvoir et la force de tout pardonner.

———

La France souffroit des abus inséparables
des meilleures institutions; d'autres peuples
jouissent des avantages qui se rencontrent
jusque dans les plus mauvaises. Cette différence explique beaucoup de choses.

———

Les petits esprits ne voient dans les meilleures institutions que leurs abus, et dans les
plus mauvaises que leurs avantages. La première de ces dispositions fait les révolutions,
la seconde les prolonge.

———

Lisez l'histoire d'Angleterre, et dites si jamais, dans les temps de troubles et de partis, son parlement a acquitté un innocent ou condamné un coupable.

———

L'Angleterre est le pays de l'Europe où les révoltes ont fait verser le plus de sang par la main du bourreau. On se croit en Asie lorsqu'on lit les pages sanglantes de son histoire; c'est la foiblesse de sa constitution qui ne permet pas à l'administration d'être indulgente.

———

L'Angleterre s'est rapprochée d'un gouvernement plus concentré, à mesure que nous nous en sommes éloignés, et notre démocratie a fortifié son oligarchie.

———

Il y a deux mondes dans l'univers moral; le monde de l'erreur, du vice, du désordre et des ténèbres; c'est de ce monde, le seul qu'il y eût alors, dont parle J.-C., lorsqu'il dit que son royaume n'est pas de ce monde. Il y a le monde de la vérité, de l'ordre, de la lumière;

c'est celui que le christianisme est venu former
sur la terre, et dont les différentes parties,
réunies sous les mêmes croyances générales,
et dans les mêmes loix politiques, ont pris le
nom de *chrétienté* : c'est le monde négatif et
le monde positif, dont l'un aboutit à la corruption et à la destruction; l'autre a pour objet la perfection et la conservation. Ces deux
mondes sont l'un contre l'autre en opposition
nécessaire, et la société, qui est le monde de
l'ordre et de la vérité, est la guerre des bons
contre les méchants. C'est pour cette raison
que le pouvoir suprême de la société s'appelle
le dieu des armées. Dans cette guerre toujours
de ruse, et quelquefois de violence et à force
ouverte, les bons, qui marchent en corps
d'armée régulier, et sous la conduite de leurs
chefs, sont souvent surpris par les méchants,
qui font la guerre en partisans, et chacun
pour leur compte. Quand les méchants triom-
phent, ils parodient la société; ils ont leur
gouvernement, leurs loix, leurs tribunaux,
même leur religion et leur dieu; ils donnent
même des loix au désordre pour le faire du-

rer, tant est profonde et naturelle l'idée de
l'ordre !

———

Si le législateur suprême avoit fait de la
constitution des sociétés une science aussi
laborieuse et aussi compliquée que nous le
faisons nous-mêmes, nous serions les premiers
à nous plaindre qu'il eût mis tant d'art à une
chose   aturelle.

———

La nature rétablit les sociétés qu'elle a fondées, et laisse périr les autres.

———

La pensée veut la solitude, et l'art de parler,
les assemblées. La plupart des hommes de nos
jours n'ont vécu que dans les assemblées politiques.

———

Une maladie épidémique, particulière à
notre siècle, est la fureur de régner; et comme
on n'a pu guérir le mal, il a fallu tromper le
malade, et décréter en principe la souveraineté
du peuple.

L'hérédité du trône est la garantie de toutes les hérédités, et la sauvegarde de tous les héritages.

Un homme d'un caractère élevé et d'un esprit propre aux affaires, s'accommoderoit fort bien du gouvernement républicain, qui lui ouvriroit plus qu'à bien d'autres des chances d'honneur, de fortune et de renommée, s'il ne falloit être raisonnable avant d'être riche, célèbre ou puissant.

Les hommes qui ont plus de modération dans le caractère que de force dans l'esprit, sont propres à conserver ; mais ils ne sont bons ni pour détruire ni pour édifier.

Les orgueils blessés sont plus dangereux que les intérêts lésés, et surtout plus incommodes ; car on ne peut les mettre ni à la demi solde ni à la retraite.

———————

La royauté héréditaire, attaquée par toutes les ambitions, comme un vaisseau battu des vents, est retenue par deux ancres qui ne *démordent* pas : l'une est jetée dans le passé, l'autre sur l'avenir.

———————

On ne doit punir que celui qu'on peut récompenser : or, un bon roi ne pouvant être récompensé que par l'amour de ses sujets, un mauvais roi ne peut être puni que par leur haine. Dira-t-on que la royauté toute seule est une récompense? Demandez-le aux rois.

———————

On peut remarquer, au moins dans certaines provinces, que le peuple ne parle jamais à un homme qu'il respecte, de ses animaux, de ses vêtements, de son lit, de sa table, en un mot de ce qui est immédiatement personnel à celui qui parle, sans employer la formule d'excuse. Il y a, dans cette précaution oratoire, une grande délicatesse de respect, et qui tient à des notions morales très-élevées. D'où sont-elles

venues au peuple? et qu'il y a de raison dans
son instinct !

———————

Paris a fait la révolution à son profit, et les
provinces l'ont supportée. L'existence de province a disparu avec le nom.

———————

La capitale ne voit dans le gouvernement
que la police : les provinces ont des notions
plus justes sur la partie morale et politique.
Paris voudroit organiser l'État comme un bu-
reau, et les provinces le constituer comme une
famille. Les capitales devroient cultiver les
arts, et les provinces faire des loix.

———————

Autrefois toutes les villes de l'intérieur du
royaume avoient des enceintes derrière lesquelles de paisibles citadins devenoient, au
besoin, d'intrépides soldats. Les siéges les plus
opiniâtres dont l'histoire fasse mention ont été
soutenus par des habitants; et c'est en partie
au grand nombre de places bien ou mal forti-
fiées que l'Espagne a dû son salut. Tous les

villages avoient leur château, où les paysans
se retiroient avec leurs effets en cas de danger.
Ces défenses ne pouvoient pas arrêter les armées de l'État, aujourd'hui qu'elles traînent à
leur suite de si puissants moyens de réduire
les places. Les gouvernements, en ordonnant
ou permettant aux villes de combler leurs fossés, d'abattre leurs portes, de changer leurs
remparts en promenades publiques, ont contracté envers leurs habitants l'obligation de les
garantir contre toute irruption de bandes in-
disciplinées, de partisans audacieux, tels qu'il
s'en élève dans toutes les révolutions. Cet engagement, dont les gouvernements n'ont peut-
être pas connu toute l'étendue, étoit moins
sûr et plus imprudent à mesure que le nombre
excessif des troupes soldées s'augmentoit dans
tous les États; et aujourd'hui il y a peu de villes
en France qu'un parti, même peu nombreux,
ne pût mettre à contribution. Les guerres de
religion, et la défense désespérée de quelques
villes, avoient intimidé le gouvernement; et
ce mal local et passager lui fit perdre de vue
des avantages généraux et d'un intérêt plus

éloigné. Il étoit beaucoup plus facile de faire
une police exacte, ou même, en cas de conta-
gion, d'employer des précautions sanitaires
dans des villes fermées. Ce que les ordres ou
la tolérance du gouvernement ont fait pour
les villes, les particuliers, par goût du luxe et
des aisances de la vie, l'ont fait dans les châ-
teaux. Il n'y a plus ni fossés, ni créneaux, ni
tours, ni tyrans pour les mélodrames ; mais
aussi il n'y a plus de refuge.

Les guerres privées permises aux familles
pour leur défense, avant l'établissement de la
société publique, sont devenues les procès
qu'elles intentent ou soutiennent les unes
contre les autres. Aucune autorité n'a le droit
de les y faire renoncer, et de leur commander
la paix quand elles ont de justes motifs de
guerre.

La population croît en raison géométrique,
et n'a point de bornes. Les subsistances crois-
sent en raison arithmétique, et la fertilité de

la terre a un terme. Cette réflexion de M. Malthus, dans son excellent *Essai sur la population*, doit être un sujet de méditation pour les hommes d'État.

———

Beaucoup d'ouvriers politiques travaillent en Europe comme certains ouvriers en tapisserie, sans voir ce qu'ils font. Ils seroient bien étonnés s'ils pouvoient voir le revers de leur ouvrage.

———

Si la société, même littéraire, eût été divisée sous Louis XIV comme elle l'a été depuis, les grands écrivains d'un parti auroient été méconnus ou méprisés de l'autre, et nous n'aurions pas une littérature nationale.

———

Voulez-vous qu'un peuple soit susceptible d'enthousiasme et montre un grand caractère dans les grands dangers? Ne vous alarmez pas trop, quand il est religieux et fidèle, d'un peu de fierté, d'indocilité même aux injonctions de la police, ou à quelques règlements

d'administration. Les provinces espagnoles
qui se sont défendues contre les armées de
Bonaparte avec le plus d'opiniâtreté, sont celles
qui avoient défendu leurs priviléges avec le
plus d'obstination. Mais ces mêmes hommes,
quelquefois si peu dociles aux ordres ou aux
prohibitions de l'administration, montroient
pour les pratiques de la religion et les arrêts
de la justice une soumission sans bornes et un
profond respect. Vous brisez le ressort à force
de contraintes et de rigueurs, et vous voulez
qu'il se relève; vous faites comme les enfants
qui cassent les jambes à leur poupée, et veulent
qu'elle se tienne debout et marche.

———

L'Europe, dans les temps ordinaires, avoit
peut-être autant besoin d'un peu de négli-
gence dans l'administration de la France, qu'elle
avoit besoin dans tous les temps de toute la
force de sa constitution. La France est au cœur
de l'Europe, et elle en est le cœur; s'il bat
trop fort ou trop vite, la fièvre et le désordre
peuvent se mettre dans le corps entier; et le

mouvement, quelquefois un peu lent peut-
être pour la France, étoit généralement assez
rapide pour l'Europe.

La révolution françoise, ou plutôt européenne, a été un appel fait à toutes les passions par toutes les erreurs; elle est, pour me
servir de l'énergie d'une *expression* géométrique, le mal *élevé à sa plus haute puissance*.

La représentation dont le goût du luxe, de
l'oisiveté, de la vanité, a fait une condition indispensable des grands emplois, a tué la science
de l'homme d'Etat. Quand le gouvernement
est dans les salons, l'administration est dans
les bureaux, et il n'y a personne dans le
cabinet.

C'est en rétablissant l'ordre au profit de tous,
et non en prolongeant le désordre au profit de
quelques-uns, qu'on fait disparoître les traces
des révolutions.

On ne conçoit rien à la politique de certaines personnes : elles veulent un gouvernement monarchique ; mais s'il montre quelque indépendance, elles crient à la tyrannie : elles veulent des chambres ; mais si elles montrent quelque énergie, elles crient à la sédition : elles veulent de la religion ; mais si elle prend quelque influence, elles crient au fanatisme. Si le roi agit seul, il viole les loix et opprime la liberté des peuples ; si ses ministres agissent en son nom, tout ce qui contrarie leurs mesures ou leurs opinions est un attentat à l'autorité du Roi. Le pouvoir législatif réside en partie dans les chambres ; mais si elles font des amendements ou des changements à une loi proposée, elles usurpent le pouvoir législatif. Les ministres peuvent être accusés de concussion ; mais s'ils demandent de l'argent, ils n'en doivent aucun (1) compte à ceux qui le donnent, et qui seuls ont le droit de les

_____

(1) Cette doctrine a été avancée à la Chambre des Pairs.

accuser. La nation envoie des députés pour voter l'impôt, et concourir en son nom à la formation des loix ; mais ils ne sont pas même pour cela ses représentants. Tout ce qu'on y voit de plus clair, est qu'on craint l'ordre presque autant que le désordre, et qu'on voudroit retenir la société entre l'un et l'autre, dans un état de bonté moyenne, qu'on a combiné sur un petit plan de fortune personnelle. On ne voudroit plus des crimes de la révolution, mais on en retient les principes; elle est comme une maîtresse long-temps adorée, qu'on a cessé de fréquenter, mais qu'on ne peut se résoudre à ne plus voir.

Le bon sens, dans le gouvernement de la société, doit remplir les longs interrègnes du génie.

Qu'un crime ait ou non du succès, il est toujours un crime ; mais s'il ne réussit pas, il est de plus une sottise. Que de sots, à ce compte, chez le peuple le plus renommé par son esprit !

———

Les philosophes ont travaillé à la fois à corrompre les grands et à égarer les petits : ils ont
parlé à ceux-ci de leurs maux, à ceux-là de
plaisirs, et ils ont aigri les uns et amolli les
autres.

———

S'il y avoit dans les campagnes et dans chaque village, une famille à qui une fortune considérable, relativement à celle de ses voisins,
assurât une existence indépendante de spéculations et de salaires, et cette sorte de considération dont l'ancienneté et l'étendue de propriétés territoriales jouissent toujours auprès
des habitants des campagnes; une famille qui
eût à la fois de la dignité dans son extérieur,
et dans la vie privée beaucoup de modestie et
de simplicité; qui, soumise aux loix sévères
de l'honneur, donnât l'exemple de toutes les
vertus, ou de toutes les décences; qui joignit
aux dépenses nécessaires de son état et à une
consommation indispensable, qui est déjà un
avantage pour le peuple, cette bienfaisance

journalière, qui, dans les campagnes, est une nécessité, si elle n'est pas une vertu ; une famille enfin qui fût uniquement occupée des devoirs de la vie publique, ou exclusivement disponible pour le service de l'État, pense-t-on qu'il ne résultât pas de grands avantages, pour la morale et le bien-être des peuples, de cette institution, qui, sous une forme ou sous une autre, a long-temps existé en Europe, maintenue par les mœurs, et à qui il n'a manqué que d'être réglée par des loix.

———

Le plus grand mal que le luxe ait fait à la noblesse, dans toute l'Europe, est moins de l'avoir appauvrie, que de l'avoir rendue avide de richesses.

———

Qu'on ne s'y trompe pas, partout où il y a seulement deux hommes, un homme domine. A la place d'une autorité légale, s'élève une autorité personnelle, celle de l'adresse, de la violence, de l'habileté en affaires, de l'obstination de caractère. L'abolition des seigneuries particulières a mis à l'aise quelques amours-propres ; mais qu'y a gagné le peuple, le peuple qui travaille ? Ce ne sont pas les gens riches qui oppriment le peuple, mais ceux qui veulent le devenir. Le seigneur ne prêtoit pas à usure, il ne faisoit pas payer ses conseils ; il ne stipuloit pas pour prix d'un service rendu, des intérêts en denrées reçues au plus bas prix, et payées au plus haut ; et, loin d'usurper le bien de ses voisins, il avoit en général assez de peine à défendre le sien. On aura beau faire, il y aura toujours un seigneur d'une manière ou d'une autre, dans chaque village ; et si à l'autorité de l'argent, du crédit réel ou supposé, des connoissances en affaires, de l'intrigue, un homme joint l'autorité municipale, il y aura un tyran.

La hauteur des manières fait plus d'ennemis que l'élévation du rang ne fait de jaloux. L'homme, dans toutes les conditions, sent qu'un autre homme peut n'être pas son égal, mais qu'il est toujours son semblable, qu'il est au-dessus de lui et non autre que lui.

Les présomptueux se présentent, les hommes
d'un vrai mérite aiment à être requis.

Les foibles se passionnent pour les hommes,
et les forts pour les choses.

Un noble n'est pas seulement *sujet*, il est
de plus *subordonné*; et comme dit très-bien
Terrasson, « la subordination est plus mar-
» quée dans les premiers rangs que dans les
» derniers. » Ainsi, ce qui seroit, de la part du
roi, abus d'autorité envers le simple citoyen,
peut, envers le noble, n'en être que le légitime
exercice; c'est un officier que son supérieur
peut envoyer aux arrêts. Il est raisonnable de
désirer la noblesse, mais il ne faut pas en sé-
parer la dépendance nécessaire.

Dans un gouvernement monarchique, où
toutes les places sont à la nomination de l'autorité, et où elle est responsable à l'opinion
publique de tous les choix, la faveur peut bien

élever un sujet indigne, mais elle ne peut élever un sujet infâme, et si le roi ne punit pas
un coupable, il n'est pas à craindre qu'il le récompense. Mais dans un gouvernement où des
places importantes sont au choix du peuple,
le hasard des élections, l'influence des partis,
la séduction et l'intrigue peuvent porter aux
honneurs un homme vil ou odieux, et même
un grand criminel, tant que les loix ne l'ont
pas frappé, et ne lui ont pas ôté le caractère
d'éligibilité qu'on a attaché à des conditions
matérielles, bien plus qu'à des conditions
morales. Il est singulier que l'honneur d'un
corps de législateurs soit, sous ce rapport,
plus exposé que celui d'un corps d'avocats, de
notaires, ou même d'huissiers.

———————

Quand les hommes jugeront sainement des
choses, ils regarderont les délits contre l'État
comme plus graves que les délits contre les
individus, et la félonie leur paroîtra plus coupable qu'un assassinat. Je sais que le courage
que supposent les attentats contre l'autorité

publique, et la bassesse de sentiments qui
conduit aux crimes obscurs, font, ou peu s'en
faut, admirer les uns en même temps qu'on
déteste les autres; mais ce n'est pas la raison
qui juge ainsi, c'est l'orgueil.

———

Une famille qui, par d'éclatants services,
des emplois éminents, une faveur constante,
une ancienneté historique et de grandes richesses, a acquis dans un État monarchique assez
d'importance pour ne pouvoir plus être désho-
norée par la félonie, qui, même lorsqu'il s'élève
des partis dans l'État, peut impunément se
partager entre eux, pour trouver au besoin un
appui dans celui qui triomphe, devroit être
soumise à l'ostracisme.

———

Il y a des loix pour la société des fourmis et
pour celle des abeilles; comment a-t-on pu
penser qu'il n'y en avoit pas pour la société des
hommes, et qu'elle étoit livrée au hasard de
leurs inventions? Ces lois, quand elles sont

oubliées de la société publique, se retrouvent dans la constitution de la société domestique.

———————

L'homme est libre dans un ordre de choses nécessaire; il peut faire des loix d'administration, loix transitoires et qui règlent les actions privées; mais il ne peut faire des loix de constitution, loix fondamentales, qui *déclarent* l'état naturel de la société, et ne le *font* pas.

———————

Avec les papiers de banque, un enfant peut tenir dans sa main le prix et le sort de tout un royaume; une haute politique, plus attentive aux intérêts généraux qu'aux intérêts particuliers, avoit cherché à rendre moins rapide la circulation de l'argent : à Sparte, par la monnoie de fer; dans les États modernes, par la défense du prêt à usure.

———————

Les mêmes hommes qui ont réclamé si hautement, en France, la liberté des cultes, ont vu, avec la plus profonde indifférence,

l'état des catholiques dans quelques parties de
l'Europe ; ils avoient deux poids et deux mesures.

Les révolutions ont des causes prochaines
et matérielles qui frappent les yeux les moins
attentifs : ces causes ne sont proprement que
des occasions ; les véritables causes, les causes
profondes et efficaces, sont des causes morales,
que les petits esprits et les hommes corrompus
méconnoissent. Un choc, un coup de vent ont
fait, dit-on, crouler cet édifice : sans doute ;
mais depuis long-temps les murs avoient perdu
leur aplomb. Vous croyez qu'un *déficit* dans
les finances a été la cause de la révolution ;
creusez plus bas, et vous trouverez un *déficit*
dans les principes même de l'ordre social.

Il y a en France, comme partout ailleurs,
des injustices privées ; il peut même y en avoir
de légales, parce qu'il y a des passions dans le
cœur de tous les hommes, et que partout les
tribunaux sont sujets à erreur ; mais ce ne

seroit pas la connoître que de croire qu'une
injustice générale, une iniquité publique, en
un mot une loi de circonstance fausse et cor-
ruptrice puissent s'y affermir : les plantes vé-
néneuses peuvent germer sur ce sol, mais elles
ne sauroient y porter du fruit.

———————

Dans la société, le bien tend toujours au
mieux, et le mal au pire; comme ils marchent
l'un et l'autre d'un pas égal, le meilleur peut
se rencontrer avec le plus mauvais; et c'est ce
qu'on a vu pendant notre révolution, qui a
offert à la fois des vertus héroïques et des
crimes exécrables.

———————

Il faut toujours dans un État la même quantité de pouvoir. Quand il échappe aux mains
du prince, il tombe dans celles d'un particulier, homme puissant, ministre, favori, ou dans
celles d'un corps. En France, il étoit dévolu
aux corps de magistrature, contre lesquels
aucun particulier, eût-il été du sang royal, ne
pouvoit lutter qu'avec désavantage. On disoit

alors que ces corps entreprenoient sur le pouvoir; et dans le fait, ils ne faisoient que l'exercer à la place du prince, comme un régent dans un temps de minorité, et il arrivoit alors dans l'État ce que l'on voit dans une famille où la femme gouverne, quand le mari ne sait pas commander. Ces corps, en France, ne pouvoient pas usurper le pouvoir monarchique, et le faire dégénérer en aristocratie, parce qu'ils n'avoient, par la constitution, aucun pouvoir législatif, qu'ils ne pouvoient que suspendre la loi, et non la faire, et que leurs membres n'avoient personnellement qu'une existence obscure et modeste : en un mot, trop foibles, trop gênés par leurs propres formes pour s'emparer du pouvoir, ils avoient assez de force pour empêcher tout particulier de l'usurper. Les corps dangereux sont les corps législatifs : comme ils ont une part légale et constitutionnelle du pouvoir, ils n'ont qu'un pas à faire pour s'emparer de toute l'autorité ; mais alors, et pour leur malheur, l'armée passe nécessairement sous leurs ordres, et ce serviteur indocile,

bientôt las d'obéir à des orateurs et à des juris-
consultes, finit par devenir le maître.

Il y avoit autrefois en France de la légèreté
dans les manières, et de la gravité dans les
esprits : la révolution a changé tout cela ; elle
a rendu les esprits superficiels et les manières
tristes ; et il n'y a plus ni raison, ni gaîté.

La politique ne change pas les cœurs ; ce mi-
racle est réservé à la religion. L'une et l'autre
peuvent faire des hypocrites ; la religion seule
fait des convertis.

Une société tend à perfectionner ses loix,
comme un fleuve à redresser son cours.

La constitution actuelle de l'Europe est tout-
à-fait incompatible avec l'existence d'une république puissante. Si, redoutant pour sa tranquillité intérieure ses propres troupes, elle
reste désarmée au milieu de puissances en

armes, elle tombe sous leur dépendance; et c'est ce qui est arrivé à la Hollande, à la Suisse, à Venise. Si elle tient sur pied de nombreuses armées, elle les jette sur ses voisins, comme l'ont fait Rome et la France, et elle se soumet à la nécessité de toujours vaincre, sous peine de périr. Comment des vérités confirmées par tant d'expériences ont-elles pu être ignorées, et des hommes qui de bonne foi ont travaillé à fonder en France une république, et des hommes d'État des pays voisins qui en ont vu les progrès sans en être alarmés? La France république seroit la fin de l'Europe monarchique, et l'Europe république seroit la fin du monde.

« Avec un grain de foi, dit l'Évangile, vous » transporterez les montagnes. » La foi a manqué à ceux qui ont été à la tête des affaires de l'Europe pendant la révolution, la foi politique comme la foi religieuse; cette foi qui croit à la force infinie, irrésistible, de la royauté, de la religion, de la justice, de l'ordre. On auroit transporté des montagnes, et on a échoué contre des grains de sable.

———————

Bonaparte n'a vécu que pour détruire. Les jacobins avoient été ses pères, comme les *fédérés* ont été ses enfants. Il n'avoit paru que pour régulariser la destruction, c'est-à-dire, pour mieux détruire, et n'a un moment reparu que pour détruire l'instrument même de la destruction. L'Europe, quoi qu'on dise, est sur la voie de son rétablissement ; et pour ce grand objet, on diroit qu'elle attend quelqu'un ou quelque chose.

———————

Dans l'appel que la révolution a fait aux passions, l'orgueil, en France, a répondu le premier. En Angleterre et en Allemagne, dans leurs révolutions religieuses, ce fut la cupidité.

———————

Bien des gens ne voient le désordre que dans le bruit, et la paix que dans le silence.

Les fabriques et les manufactures qui entassent dans des lieux chauds et humides des enfants des deux sexes, altèrent les formes du corps et dépravent les âmes. La famille y gagne de l'argent, des infirmités et des vices ; et l'État une population qui vit dans les cabarets et meurt dans les hôpitaux.

Dans tout État où il y a des ordres distincts de citoyens, il y a toute l'égalité politique que comporte l'état social ; les hommes ne sont pas égaux individuellement, parce que la société ne peut pas faire ce que la nature ne fait pas ; mais ils sont égaux collectivement, puisqu'un ordre est égal à un autre ordre, et que dans les assemblées publiques, où les divers ordres exercent des droits politiques, le vote de l'un pèse autant que le vote de l'autre ; il faut ensuite, pour l'égalité politique, qu'aucune loi n'empêche aucun citoyen de passer d'un ordre dans un autre, en remplissant les conditions prescrites par la société.

Il y a quelque chose de bon dans l'homme, même le plus méchant, et quelque chose de mauvais dans le meilleur; c'est là le cachet de l'humanité, et la preuve de la sublimité de notre origine et de la fragilité de notre nature; mais il faut éviter de se laisser séduire aux bonnes qualités des méchants, ou prévenir contre les défauts des bons.

Il faut, quand on gouverne, voir les hommes tels qu'ils sont, et les choses telles qu'elles doivent être; souffrir l'imperfection des hommes, et tendre de toutes ses forces à la perfection dans les choses : car à la longue les bonnes institutions rendent les hommes meilleurs; beaucoup de gens, au contraire, demandent la perfection dans les hommes, et sont toujours contents des choses, quelles qu'elles soient.

Que de gens se croient innocents des conséquences dont ils ont établi ou défendu le prin-

cipe! C'est ainsi que les architectes de nos malheurs et de nos désordres s'en déchargent sur
les manœuvres.

L'Ecriture sainte appelle le peuple Juif,
qui se révolte contre le pouvoir, un peuple
adultère; il y a, dans cette expression, une
haute vérité politique et une grande leçon :
on y trouve aussi une preuve de rapport de la
société publique à la société domestique.

Les défauts du bel esprit ne sont pas sans
beautés, et ses beautés ne sont pas sans défauts;
mais les beautés sont ternes, et les défauts
brillants; le génie, au contraire, est en général tout-à-fait bon ou tout-à-fait mauvais; il
ne sait guère être médiocre : c'est l'aigle qui
ne peut pas voler dans la moyenne région; il
s'abat sur la terre ou plane au plus haut des
airs.

Les grandes découvertes, dans les sciences,
ne sont pas des idées complètes, mais des idées
fécondes.

Il y a des lumières qu'on éteint en les plaçant sur le chandelier.

N'en croyez pas les romans; il faut être épouse pour être mère.

Le luxe n'est souvent qu'une recherche inquiète de perfection; le faste, au contraire, est un étalage insolent et sans goût de la richesse; voilà pourquoi le faste se trouve presque toujours avec la sottise, et le luxe avec les délicatesses de l'esprit et l'élévation des sentiments.

On est bienfaisant pour faire oublier aux autres, et oublier soi-même, qu'on a été injuste; c'est ainsi qu'un négociant étale un grand luxe pour en imposer au public sur le mauvais état de ses affaires.

La déclamation et l'enflure sont proprement l'éloquence de l'erreur; il n'y a que la vérité qui puisse être simple, comme il n'y a que la beauté qui puisse se passer d'ornements.

La faveur se trouve souvent sur un chemin qui conduit à la disgrâce, et finit à l'oubli.

Il y a moins de gens que l'on ne pense qui sachent se conduire eux-mêmes et penser avec leur propre esprit; et tel homme qui, gouverné autrefois par son directeur, n'eût été peut-être que ridicule, gouverné dans la révolution par son domestique, son voisin ou son compère, a été un scélérat.

J'aime les hommes faciles, foibles, si l'on veut, sur les choses indifférentes et dans le détail de la vie, et qui réservent leur fermeté pour les grandes occasions; assez souvent les gens roides sur les petits intérêts sont faciles et même foibles sur les choses importantes.

Les hommes devroient avoir des vertus ac-

quises, et les femmes des vertus innées.
L'homme qui n'a que des vertus de tempérament est foible, parce qu'il n'a aucune occasion d'exercer la force de sa raison et de sa
volonté ; la femme qui n'a que des vertus de
réflexion est contrainte et roide, et cet état
habituel de combat contre elle-même, trop
fort pour sa foiblesse, ôte le naturel et la
grâce à ses manières, et même à ses vertus.

A un homme d'esprit il ne faut qu'une
femme de sens : c'est trop de deux esprits dans
une maison.

La plus petite chose faite en commun lie
entre eux les hommes, et combien d'amitiés
nées d'une rencontre fortuite ! la plus petite
chose poursuivie concurremment les divise.
C'est pour cette raison que la monarchie établit des corps et des hérédités de professions,
qui multiplient les liens et diminuent les
concurrences.

Il y a des choses plus fortes que les hommes

et les gouvernements, plus fortes que tout, car elles ont la force de Dieu même : ce sont les choses raisonnables et naturelles. Tout le monde est d'accord sur ce point; mais la difficulté est sur le mot *naturelles,* que les uns entendent d'une nature, les autres d'une autre. Donnons-en un exemple. C'est une chose naturelle assurément que le partage égal entre tous les enfants des biens du père commun. Mais la nature qu'on invoque à l'appui de cette égalité de partage, est la nature de l'individu qui ne cherche que des jouissances personnelles, sans s'inquiéter des intérêts de la société. Cependant la société domestique, j'entends la famille agricole, qui a aussi sa nature et veut sa conservation, en décide autrement. Elle réclame tout aussi fortement le droit de primogéniture, et une part plus considérable pour l'aîné de la famille; aussi, partout où le droit de primogéniture, respecté dans les temps les plus anciens et des peuples les plus sages, a été aboli, il a fallu y revenir d'une manière ou d'une autre, parce qu'il n'y a pas de famille propriétaire de terres qui puisse subsister avec

l'égalité absolue de partage à chaque génération, égalité de partage qui, un peu plus tôt,
un peu plus tard, détruit tout établissement
agricole, et ne produit à la fin qu'une égalité
de misère.

———

Il y avoit sous Louis XIV, comme il y aura
toujours, de la jalousie entre les grands et les
petits, ou plutôt entre les aînés et les cadets.
Mais alors ceux-ci vouloient monter et se mettre
au niveau des autres; aujourd'hui ils veulent
monter et faire descendre les autres pour être
seuls. Il y avoit alors ambition louable; aujour-
d'hui ambition envieuse et jalouse.

La barbarie de la nature brute et sauvage est
moins honteuse et moins destructive que la barbarie de l'État policé. C'est la déraison de l'enfant opposé à la malice raisonnée de l'homme
fait. Qu'importe que je sois dépouillé par une
irruption de sauvages, ou par des décrets et des
considérants de beaux esprits; que je sois mas-
sacré par les uns ou envoyé à l'échafaud par

les autres? Les sauvages ne détruiront que la récolte d'une année, les beaux esprits m'enlèvent la propriété même du fonds. Les uns insultent mon cadavre, les autres poursuivent ma mémoire; je ne vois de progrès que dans les moyens de nuire, et le plus sauvage est celui qui fait le plus de mal.

———

On peut être modéré avec des opinions extrêmes. C'est ce qu'affectent de ne pas croire ceux qui sont violents avec des opinions foibles et mitoyennes.

———

Chacun fait le pouvoir à la mesure de son esprit et de son caractère. Les uns le veulent absolu, d'autres le veulent balancé; et dans un temps de relâchement des principes et de rappetissement des esprits, les constitutions mixtes doivent être à la mode.

———

Je connois des loix en Europe que l'on a faites en cent articles pour y en placer trois.

« Combien d'opinions, dit Duclos, admises
» comme vraies par une génération, et dont la
» fausseté a été démontrée par la génération
» suivante ? » Le discrédit où sont tombées
parmi nous les idées *philosophiques*, fait trembler pour les idées *libérales*.

Quand il y a deux partis dans un État, voulez-
vous qu'un des deux soit modéré ? donnez-lui
un avantage décidé. C'est la lutte qui entre-
tient les désordres et les violences, au lieu que
la victoire désarme le vainqueur. Cela est vrai
partout, et surtout en France ; et nous avons
vu les jacobins eux-mêmes, une fois sans rivaux,
devenir plus humains et presque débonnaires.

L'indépendance du pouvoir judiciaire est
un mot vide de sens partout où les juges sont
payés par le gouvernement, et n'ont pour la
plupart que les honoraires de leur emploi.
Indépendant et salarié sont contradictoires.
Les jurés tirés de la foule au moment du ju-

gement pour y rentrer aussitôt après, con-
fondus avec les justiciables, et exposés par-là
à toutes les préoccupations et à tous les res-
sentiments, ne sont pas plus indépendants;
je veux dire qu'ils sont tous, juges et jurés,
dépendants par situation; même lorsqu'ils
sont indépendants par caractère, leur indépendance personnelle peut être présumée,
mais leur dépendance publique est prouvée.
Les journaux remarqueroient le courage d'un
jury qui condamneroit un particulier puissant
par ses emplois et son crédit. Le parlement
auroit envoyé un prince du sang à l'échafaud,
qu'on ne se seroit entretenu que du crime.

***

Je n'aime pas ces enseignes nationales sur-
chargées de lions, d'aigles, de léopards, d'élé-
phants, de chevaux, etc. C'est un reste de la
barbarie des premières peuplades, uniquement occupées de la chasse; et ce n'est pas aux
bêtes à marcher ainsi à la tête des hommes.
Ce qu'il y a de beau dans les armes de France,
est qu'on ne sait pas ce qu'elles sont; ses fleurs

de lis ne ressemblent à rien, et le blanc de ses enseignes est l'absence de toute couleur.

————

L'acharnement que des législateurs ont mis à conserver trois couleurs dans nos enseignes, annonce un profond mépris pour une nation qu'on croit capable de se passionner pour de pareilles puérilités.

————

Malheur à la société qui ne laisse que le suicide pour sortir du monde à ceux qui ne veulent pas du monde, ou dont le monde ne veut pas! C'étoit là l'avantage immense en politique des institutions monastiques; on leur a reproché leur oisiveté; eh! que font la plupart des hommes? et que la société seroit heureuse si elle pouvoit condamner au repos leur inutile ou criminelle activité!

————

Avec un seul principe de gouvernement on peut souffrir différentes opinions dans les administrateurs; et nous avons vu le despo-

tisme se servir avec le même succès de royalistes et de démocrates; faire de la monarchie
avec des républicains, et de la religion avec
des athées.

———

Les capitales sont devenues à la lettre la tête
des États, et quand la tête est malade tout le
corps s'en ressent. La division de l'Espagne en
royaumes particuliers est une des choses qui
a le plus contribué à son héroïque résistance.
Bonaparte connoissoit l'influence de cet esprit
particulier des provinces, lorsque, pour les
engager à soutenir son usurpation, il rappela,
après un si long temps d'oubli, leurs anciens
noms de Bretagne, de Normandie, de Pro-
vence, etc. Il faut de l'unité dans le gouvernement, et de la diversité dans l'administration.
On fait aujourd'hui le contraire, le pouvoir
est divisé et l'administration uniforme.

———

Si l'on juge des soins et de l'intelligence du
berger plutôt par le bon état de son troupeau
que par le nombre des bêtes qui le composent,

quelle idée, je le demande, peut donner des soins et de l'habileté des gouvernements euro-péens cette population hideuse de misère, de grossièreté et de corruption qui surcharge toutes les grandes cités ?

———

En 1549, on redoutoit l'excessif accroisse-ment de Paris. Un édit en fixa les bornes. Louis XIV renouvela la défense de bâtir au-delà de certaines limites, « parce qu'il étoit à » craindre, disent les lettres-patentes de 1672, » que la ville de Paris, parvenue à une exces-» sive grandeur, n'eût le sort des plus puis-» santes villes de l'antiquité, qui avoient trouvé » en elles-mêmes le principe de leur ruine. »

———

Partout où se pose la reine des abeilles, la ruche s'amasse. Il arrive quelque chose de semblable aux princes : là où ils établissent leur cour, il se forme de grandes villes. Nos premiers rois voyageoient continuellement, et tout, jusqu'à la justice, voyageoit avec eux ; ils prévenoient ainsi l'excessif accroissement de ces villes immenses, dont la subsistance et la tranquillité sont de véritables tours de force d'administration, et presque des miracles.

———————

Les peuples, en devenant plus corrompus, sont devenus moins indulgents pour les foiblesses de leurs princes. On sait qu'il n'y a pas de censeurs plus sévères de la conduite des femmes, que les libertins.

———————

Dans toute révolution où il y a nécessairement deux partis, il s'en forme bientôt un troisième aux dépens des deux autres, qui se croit modéré parce qu'il leur accorde à tous quelque chose, fort parce qu'il les combat tous sur quelques points, sage enfin parce qu'il est neutre. Les deux partis extrêmes savent nettement ce qu'ils veulent, le parti moyen sait ce qu'il ne veut pas, mais il ne sait pas aussi-bien ce qu'il veut; il ne peut pas même le savoir, parce que l'opinion qu'il se fait, formée des deux autres, est nécessairement indécise, même quand ceux qui la professent seroient des hommes décidés. Cette opinion a pour elle les hommes qui ont dans l'esprit plus de subtilité que de force, et plus de sagesse de caractère que d'énergie; mais elle a contre elle les esprits plus forts, qui savent que la vérité n'est pas *au milieu* comme la vertu, et le peuple, qui n'entend rien aux idées subtiles et composées. C'est précisément à ce parti, qui se croit modéré parce qu'il est mitoyen, qu'il n'est pas permis d'être modéré et de poser les armes, parce qu'il a à se défendre contre deux rivaux dont chacun veut l'entraîner de son côté. Lorsqu'il se croit menacé, il est violent comme deux, parce qu'il est violent contre deux; et s'il est forcé de se décider entre l'un ou l'autre, et de chercher des auxiliaires dans l'un des deux, il fait souvent un mauvais choix.

———————

Le ton de la voix dans la conversation est devenu plus bas et l'expression moins franche et plus étudiée, à mesure qu'il y a eu moins de bonne foi dans les opinions et moins de force dans les caractères. On diroit qu'on a

craint non-seulement d'être compris, mais
même d'être entendu.

Il est commode de se mettre au-dessus de
toutes les bienséances et quelquefois de tous
les devoirs, et de passer malgré cela, ou même
à cause de cela, pour un homme de génie. Les
sots regardent le génie comme une espèce
d'obsession ou de *possession* qui tourmente le
malheureux qui en est affligé, et le rend in-
quiet, irascible, bizarre, jaloux, orgueilleux,
sans attention sur lui-même, sans égard pour
les autres. L'homme d'un vrai génie, j'entends
dans les choses morales, seroit un homme
sans défaut.

Entre deux armées ennemies, il n'y a d'opposition qu'au moment du combat; entre deux
partis de concitoyens, il y a l'injustice et
l'injure.

Les hommes à argent qui montrent une prévention si furieuse contre la noblesse, ignorent

sans doute que les classes inférieures ne voient la noblesse que dans la fortune.

La noblesse en France étoit pour la famille le dévouement héréditaire au service public; pour l'individu, l'exclusion de toute profession mercantile.

Dans les temps de parti, les femmes donnent volontiers leurs opinions à la place des sentiments qu'on leur demande. Les deux sexes s'y trompent; la femme croit aimer, parce qu'elle gouverne; et l'homme plaire, parce qu'il sert.

Une seule idée fausse, ou plutôt incomplète, peut bouleverser la société. Il suffit d'une vérité complétement développée et mûrie par le temps et les événements pour la rétablir.

Pourquoi est-il contraire à la civilité de fixer les yeux sur quelqu'un sans lui rien dire?

C'est que c'est l'interroger sans qu'il puisse vous répondre. De là vient que le premier mouvement de celui qui est ainsi regardé, est de demander ce qu'on lui veut. Les yeux interrogent comme ils répondent; ils prouvent l'âme, puisqu'ils la réfléchissent.

———

La galanterie entre les deux sexes est une espèce de jeu où les personnes sensibles ne sont pas les plus habiles; elles y mettent trop de sérieux.

———

Folles douleurs : fausses douleurs et courts regrets.

———

Depuis que le mariage a reçu, sous l'influence du christianisme, toute sa dignité et toute sa douceur, il ne peut plus y avoir entre un homme et un homme de ces amitiés si célèbres dans l'antiquité païenne. La femme est l'amie naturelle de l'homme; et tout autre amitié est foible ou suspecte auprès de celle-là.

Les gouvernements sages doivent constituer
l'administration de telle sorte que l'homme
ait le moins possible occasion de demander,
et eux le moins possible occasion de choisir.
Quand l'avancement est un effet de la faveur,
l'homme intrigue et s'avilit; le gouvernement
choisit, il se trompe, et presque toujours le
mécontent est plus dangereux que le préféré
n'est utile. On fait des divers états de la société
une lutte d'ambition, au lieu d'en faire une
carrière où, comme dans celle de la vie, les
plus âgés marchent devant; si la société a besoin de jeunes talents, la nature les fera naître
et saura les placer.

Il n'y a d'hommes d'esprit dans une révolution que ceux qui font fortune, ou ceux qui
ne veulent pas la faire.

Ceux qui, pour excuser les désordres de notre
temps, cherchent dans le passé des exemples de
désordre, oublient qu'alors il était dans les

mœurs ou dans l'administration, et que de nos jours il a été dans les loix; et qu'il n'y a jamais de désordre à craindre que celui qui est consacré par la législation. Jusqu'à nos jours il s'étoit fait en France de bonnes loix dans les temps de trouble; et la honte de notre temps est que le mal a eu son code, et même qu'il a été conduit avec méthode et régularité.

Il n'y a pas en Europe un homme éclairé qui ne regarde comme une erreur la distinction du pouvoir en législatif, exécutif et judiciaire, et qui ne sache qu'il ne peut y avoir dans la société qu'un pouvoir, le pouvoir législatif, dont l'administration civile ou militaire et celle de la justice sont deux *fonctions*. N'importe : éternellement on répétera dans nos assemblées politiques, sur la foi des philosophes du dernier siècle, *la distinction des trois pouvoirs*; et nous nous moquons de l'asservissement des écoles anciennes aux erreurs de physique ou de philosophie d'Aristote! Celles-là du moins étoient sans danger.

Ceux qui, dans le gouvernement des affaires humaines, se dirigent uniquement par des faits historiques, et ce qu'ils appellent l'expérience, plutôt que par des principes qui apprennent à lier les faits et à en tirer l'expérience, ressemblent tout-à-fait à des navigateurs qui ne prendroient ni compas ni boussole, mais seulement des relations de voyage et des journaux de marins.

Ils se trompent ceux qui croient le gouvernement populaire plus indulgent que le monarchique. Celui-ci peut être clément sans danger, et non pas l'autre : dans un grand coupable, la monarchie ne voit qu'un sujet incommode ; la république peut craindre un tyran.

Un peuple nomade ne connoît que la propriété mobiliaire. Aussi, partout où la propriété foncière sera attaquée, on remarquera dans les peuples moins d'attachement aux foyers paternels.

On prend en Europe de la diplomatie pour
de la politique, des bureaux pour des gouvernements, et des décrets pour des constitutions.

Il y a telle ville en Europe qu'une politique éclairée et prévoyante auroit dû, pour
l'intérêt de la société générale, donner ou
laisser à la France.

La nature pose des limites : la politique ne
fait que tracer des lignes sur le papier. La
politique avoit placé le royaume de Navarre
entre la France et l'Espagne, la nature l'a coupé
en deux, et a interposé au milieu les Pyrénées.

Les crimes des peuples naissent de leurs erreurs, comme dans l'homme l'action suit la
pensée. Un peu plus tôt, un peu plus tard,
toujours 89 auroit produit 93, et le produiroit encore aujourd'hui.

Bossuet parle des *grands esprits faux*, infatigables pour s'égarer eux-mêmes et égarer ceux qui les suivent.

———

Les sauvages ne sont pas des peuples naissants ou primitifs, mais des peuples dégénérés, des débris de nations qui ont eu des lois, des législateurs et des philosophes. Qui oseroit dire ce que nous serions devenus si l'état moral, politique, littéraire de la France, en 1793, eût pu subsister seulement pendant un siècle?

———

Il faut marcher avec son siècle, disent les hommes qui prennent pour un siècle les courts moments où ils ont vécu. Mais, depuis *Tacite*, on appelle l'esprit du siècle tous les désordres qui y dominent, *seculum vocatur*. Ce n'est pas avec un siècle, c'est avec tous les siècles qu'il faut marcher; et c'est aux hommes, quelquefois à un homme seul, qu'il appartient de ramener le siècle à ces loix éternelles qui ont

précédé les hommes et les siècles, et que les
bons esprits de tous les temps ont reconnues.

Nous sommes mauvais par nature, bons
par la société. Aussi tous ceux qui, pour
constituer la société, ont commencé par supposer que nous naissions bons, frappés des
désordres que la société n'empêche pas, et
oubliant tous ceux qu'elle prévient, ont fini,
comme Jean-Jacques, par croire que la société
n'étoit pas dans la nature de l'homme. Ces
écrivains ont fait comme des architectes qui,
pour bâtir un édifice, supposeroient que les
pierres viennent toutes taillées de la carrière,
et les bois tout équarris de la forêt.

Combien de gens prennent des engagements
pour des devoirs! C'est la vertu de ceux qui
n'en ont pas d'autre.

Traiter sérieusement des choses frivoles est
de la plaisanterie; traiter plaisamment des

choses graves est de la bouffonnerie. C'est la différence du genre de Boileau et de Gresset à celui de Voltaire.

Une république est une loterie de pouvoir : l'un y place son courage, l'autre son habileté; celui-ci son intrigue, celui-là même sa richesse. Les hommes forts d'esprit et de caractère ne rejettent jamais la royauté que parce qu'ils veulent eux-mêmes être rois, sous un nom ou sous un autre. Les foibles ne pouvant y prétendre, s'attroupent pour dominer en commun; ce sont les seuls républicains de bonne foi, qui croient gouverner parce qu'ils délibèrent, et décider parce qu'ils opinent.

Dans un temps et chez un peuple où l'on ne célèbre que la grâce des manières et les agréments de l'esprit, c'est un hasard si l'on trouve des caractères forts, des vertus mâles, des esprits solides.

Les plaisirs publics ne conviennent qu'aux

hommes privés; les hommes publics ne doivent chercher de délassement que dans les plaisirs domestiques. Jadis en France les magistrats
auroient rougi d'être vus au spectacle.

———

Il y avoit en France, dans le siècle dernier,
une fabrique de réputations, dans laquelle, au
moyen de quelque hardiesse d'opinion, sans
aucun danger, et de force louanges prodiguées
à des hommes célèbres, quelquefois d'une
bonne table ouverte à de beaux esprits, on vous
faisoit une réputation de vertu, de talent et
même de génie : une réputation d'orateur, de
poëte, d'historien, de philosophe, de penseur
profond; une réputation de magistrat, de militaire, d'homme d'État, même de roi. On prenoit aussi dans cette manufacture d'anciennes
réputations à démolir et d'autres à restaurer :
le temps en est passé. Il faut aujourd'hui faire
soi-même sa réputation, et voilà pourquoi il
s'en fait si peu.

———

Rien de plus commun que les vertus faciles.

On est bon fils, bon époux, bon père, bon ami, juge intégre, négociant exact, et l'on est mauvais citoyen. On a toutes les vertus de la famille, pas une de celles dont l'État a besoin. C'est un piége pour les foibles, qui excusent des crimes publics avec des vertus privées.

———

Tous à peu près sont propres à être mari et femme; peu à être époux et épouse : un bien moindre nombre encore à être père et mère de famille. C'est une vérité que les philosophes et les gouvernements ont méconnue lorsqu'ils ont si indiscrètement recommandé le mariage à tout le monde; moyen infaillible de peupler l'État d'une foule de malheureux et de vauriens.

———

Sous Louis XIV, on dissertoit beaucoup moins qu'aujourd'hui, et beaucoup moins de gens dissertoient sur la littérature et les arts, et il se faisoit des chefs-d'œuvre dans tous les genres. J'ai vu des gens qui avoient mangé leur bien, faire de beaux raisonnements sur l'économie et la conduite des affaires domestiques.

Un homme ne vit pas long-temps avec un vice organique de tempérament. Un seul faux principe de constitution politique ou de religion est pour un peuple un germe de dégénération et une cause de décadence : Rome ancienne, la Turquie, la Pologne en sont la preuve. Si la constitution et surtout la religion des peuples modernes eussent été aussi mauvaises que nos philosophes l'ont soutenu, l'Europe chrétienne, loin de croître, de siècle en siècle, en force et en connoissances, n'auroit pas duré seulement jusqu'au moyen âge.

Tous les genres de foiblesse s'expriment en françois par le mot *pauvre*; même la mort, qui est l'extrême foiblesse de l'humanité. Ainsi on dit une pauvre tête, une pauvre conduite, un pauvre homme ou un homme pauvre, et l'on dit aussi familièrement ma pauvre enfant, ma pauvre mère, en parlant de personnes chères que la mort nous a enlevées. Ces locutions ne pouvoient, ce semble, s'introduire que dans la langue d'une société où la propriété est le fondement de toute existence politique. *Pauvre* dans ces divers sens, répond au *miser* des latins.

L'agriculteur est pauvre, parce qu'il cultive mal; et il cultive mal, parce qu'il est pauvre.

Le luxe de l'agriculture est le plus ruineux de tous pour le particulier, et le plus avantageux pour l'État.

La police ordinaire suffit à défendre les propriétés du commerçant et du capitaliste, et il ne faut que quelques patrouilles pour empêcher qu'on n'enfonce les portes ou qu'on ne dévalise les voyageurs. Mais les productions de l'agriculture, éloignées des habitations, et nuit et jour exposées à tous les regards et à toutes les tentations, ne peuvent être défendues que par la religion des peuples. Les délits contre les

propriétés du laboureur sont rarement prouvés,
et jamais prévenus. Aussi, les peuples agricoles
ont toujours été plus religieux que les peuples
commerçants; ceux-ci sont en général plus su-
perstitieux, parce que dans une existence toujours livrée aux chances du hasard, et à des
chances souvent éloignées, l'homme, placé sans
cesse entre l'espoir et la crainte, ne vit que
dans l'avenir, et cherche par tous les moyens
possibles à en pénétrer le secret.

On s'amuse beaucoup, sur les théâtres de la
capitale, de l'accent, des manières, des usages
des provinces; Paris, après les avoir fait servir
d'instrument à ses fureurs, se sert d'elles comme
matière à ses plaisirs : elles l'ont mérité.

Dans une société bien réglée, les bons doivent
servir de modèle, et les méchants d'exemple.

On a remarqué que les architectes ont, dans
tous les temps , ruiné les princes et les États

qui les ont employés, et cela doit être. Les
productions de la peinture ou de la sculpture
ont des dimensions déterminées par les dimensions des lieux destinés à les renfermer, par
les organes de l'homme pour qui elles sont
faites, par la nature des objets que les arts re-
présentent, ou des matériaux dont ils se servent. On ne peut pas faire des statues hautes
comme des tours, ni des tableaux grands
comme des places publiques. Ce n'est que par
des illusions d'optique que la peinture peut
sortir des bornes qui lui sont prescrites,
et représenter, dans le *panorama* ou les per-
spectives, un grand nombre d'objets et une
vaste étendue de pays. Le genre colossal lui-
même ne passe pas certaines limites; mais l'architecture n'a pour ses ouvrages de cadre que
le ciel et la terre; elle n'a que des proportions
entre les diverses parties, et point de bornes.
Si un prince commandoit à un architecte une
pyramide comme celles d'Égypte, monument
d'architecture le plus gigantesque qui existe
dans le monde, l'architecte la feroit de quelques pieds plus haute, ne fût-ce que pour

surpasser son modèle. Il est remarquable combien, dans ce genre, le plus grand rappetisse tout à coup ce qui l'est moins. Ceux qui ont vu Saint‑Pierre de Rome, trouvent petites l'église Notre‑Dame de Paris ou celle qu'on appelle encore le *Panthéon*; et auprès des hautes et fortes colonnes du péristile de ce dernier édifice ou de celui de l'Odéon, celles du collége des Quatre‑Nations ou de l'entrée du Palais‑Royal, admirées de leur temps, ne semblent que des fuseaux.

———

Rien n'est plus opposé au caractère françois que la *littéralité* en tout; car la *littéralité* est aussi un esclavage, et l'esclavage de l'esprit et souvent de la raison. C'est ce qui constitue la pédanterie.

———

La tempête révolutionnaire a plus renversé d'arbres de notre antique forêt qu'elle n'en a déracinés.

———

On lit dans les journaux, immédiatement

après le récit d'une bataille qui aura coûté la vie à trente ou quarante mille hommes, d'un incendie qui aura consumé les deux tiers d'une ville, d'une épidémie qui aura emporté la moitié de sa population, que mademoiselle N., célèbre artiste de l'Opéra, a dansé un pas de deux *délicieux* avec M. N., fameux danseur; que madame M., célèbre chanteuse, s'est engagée à Londres pour dix à douze mille francs par concert, ou qu'il y a eu bal et gala à la cour de tel prince. Ce rapprochement de désastres et de plaisirs, a, ce me semble, quelque chose qui blesse la charité chez des peuples chrétiens, et même la philanthropie des philosophes. Il faut raconter les malheurs communs à tous les hommes pour avertir la bienfaisance, et faire souvenir les hommes de leur condition; il faudroit taire les plaisirs pour ne pas éveiller l'envie et affliger les malheureux.

Comment des gouvernements chrétiens peuvent-ils souffrir qu'on fasse des difformités de quelques-uns un spectacle pour la curiosité des autres, et que des pères spéculent sur le malheur de leurs enfants?

Il faut empêcher le vagabondage des gens valides, et surtout des enfants, que cette vie errante et licencieuse prive de tout moyen d'instruction; mais il faut laisser les vieillards et les infirmes demander leur pain. Si la mendicité est un malheur, l'aumône est un devoir. La liberté personnelle est la première condition de l'existence humaine, et je doute que l'État ait le droit de la ravir à ceux qui n'en abusent pas, même en la leur payant avec du pain, lorsqu'ils ne peuvent plus le gagner.

Les nouveaux systèmes sur les grands avantages d'une immense population ont dû amener la destruction des *jachères* qui en arrêtoient l'essor.

La philosophie voudroit que tous les secrets de la nature fussent dévoilés, toutes les terres cultivées, tout l'argent en circulation, tous les hommes et toutes les femmes mariés, tous les enfants faits et instruits; elle presse trop la marche du monde, et le pousse vers sa fin.

Il y avoit en France des idées si enracinées de liberté, d'humanité, de respect pour l'homme, qu'après le métier d'exécuter à mort son semblable, le plus vil étoit de l'arrêter, ou même de l'assigner à comparoître, et que, dès le collége, et entre les enfants, l'action la plus odieuse et la plus lâche étoit de dénoncer son camarade.

Quelque philosophe de la cour de David lui persuade sans doute les grands avantages d'une immense population, puisque ce saint roi en ordonne le dénombrement. Dieu le punit de ce mouvement d'orgueil; et le choix qu'il lui laisse de la peste, de la guerre ou de la famine, est en même temps une haute leçon de politique: car dans tout État excessivement peuplé, la cherté des subsistances est extrême, la mortalité plus fréquente, et les guerres inévitables. C'est là l'état habituel de la Chine.

Il n'y aura bientôt plus que l'opulence et la misère qui puissent vivre dans les grandes cités; la médiocrité, qui les sépare, en sera bannie par l'impossibilité d'y subsister décemment. Alors se fera le contact immédiat des deux extrêmes de l'état social, et il ne sera pas sans danger.

Les villes ont fait la révolution, et la révolution les dépeuplera. Déjà l'on peut remarquer que le goût de la vie des champs s'introduit dans nos mœurs; on déserte l'intérieur des cités pour se bâtir au-dehors, et se donner au moins la vue de la campagne. Les grands propriétaires reviennent dans leurs terres, avantage inappréciable, et qui peut réparer et compenser bien des maux, pourvu que les grands propriétaires s'observent eux-mêmes et veillent sur leurs domestiques.

Le monde politique est constitué comme le

monde physique. Les corps politiques ont, comme les corps célestes, leur mouvement propre et leur mouvement général, leurs mouvements apparents et leurs mouvements réels; et tandis que la politique, dans sa rotation de quelques heures, croit entraîner autour d'elle la religion, la religion, ce soleil du monde moral, immobile au centre du système, l'éclaire de sa lumière, l'enchaîne et la retient dans l'immense orbite de son année éternelle. Et les planètes politiques ont aussi leurs satellites et leurs éclipses; et de loin en loin d'effrayantes comètes apparoissent sur l'horizon et menacent la société de sa destruction.

Une république est une société de particuliers qui veulent obtenir du pouvoir, comme une société de commerce est une association de particuliers qui veulent gagner de l'argent. C'est cette identité de principes qui rend les républiques commerçantes, et le commerce républicain.

Une révolution qui faisoit des généraux d'armée sans services, des ministres sans expérience, des millionnaires sans travail, et des écrivains sans études, devoit avoir de nombreux partisans, et laisser de vifs regrets à ceux qui sont venus un peu trop tard.

Au physique, la force employée avec adresse vient à bout de tout; au moral, des principes inflexibles et un caractère liant prennent sur les hommes un grand ascendant. Ce sont ceux dont il est dit : « Heureux ceux qui sont doux, » parce qu'ils posséderont la terre . »

La liberté physique est l'indépendance de toute contrainte extérieure; la liberté morale est l'indépendance de toute volonté particulière, et de la plus tyrannique de toutes, sa propre volonté. L'homme n'est moralement libre, et libre de *la liberté des enfants de Dieu*, comme dit l'apôtre, qu'en ne faisant pas sa volonté, toujours déréglée, pour faire la volonté de l'Auteur de tout ordre. La liberté politique n'est que la propriété, qui nous rend pour notre existence indépendants du pouvoir et de la fortune des autres. Ainsi, un homme détenu en prison n'a pas la liberté physique; un homme imbu de fausses doctrines, dont la raison est obscurcie par ses propres passions ou par les passions des autres, et qui met son esprit sous le joug des vaines opinions des hommes, n'a pas la liberté morale. Un homme qui vit de salaires n'a pas la liberté politique; et c'est ce qui fait que l'État de domesticité emporte l'exclusion de toute fonction politique. Autre chose est la liberté politique d'un individu, autre chose est la liberté politique d'une nation. Si un État indépendant et gouverné par ses propres loix et par ses propres enfants devenoit province d'un autre État, il perdroit sa liberté politique. Hors de là je ne conçois pas ce qu'on entend par liberté publique ou politique. Dira-t-on que c'est la participation au pouvoir? Mais le pouvoir n'est pas la liberté; et il n'y a pas d'hommes moins libres que ceux qui sont constitués en dignité. Veut-on que ce soit l'octroi volontaire de l'impôt? à la bonne heure; mais qu'on permette donc à chaque citoyen de se taxer lui-même, et que l'impôt ne soit qu'un don gratuit accordé à l'État par chaque famille; et comment se fait-il que les États où l'octroi de l'impôt est volontaire, soient précisément ceux où les peuples payent les plus forts impôts?

———————

Les révolutions commencent par la guerre des opinions contre les principes, et se prolongent par des intérêts. Dans le cours de la crise révolutionnaire, les opinions sont absorbées, et, sauf quelques cerveaux incorrigibles où elles tiennent encore, il ne reste sur le champ de bataille que d'anciens principes et de nouveaux intérêts, et la guerre continue entre la société et l'homme; les particuliers ne peuvent rester neutres, ni les gouvernements incertains.

———————

Je voudrois que par une loi solennelle le

roi nous fit tous nobles; je dis tous, et je
n'excepte aucun honnête homme : car je ne
comprends pas qu'on puisse envier la noblesse
à quelques-uns pour le plaisir ou la vanité de
quelques autres. Je crois que ceux qui crient
tant contre les nobles ne voudroient plus alors
de la noblesse qu'il leur faudroit partager avec
tant de gens qui ne tarderoient pas à demander
un autre partage.

Les hommes et les peuples qui ne sont pas
tourmentés de la soif des richesses, et qu'on
accuse de paresse, d'indolence, de peu d'industrie, sont les meilleurs; et comme ils sont
peu occupés d'intérêts personnels, les gouvernements peuvent, au besoin, les occuper fortement, et même exclusivement, d'intérêts
publics.

Il y a eu certainement en France, depuis
trente ans, de grandes erreurs et de grands
crimes. Personne ne veut s'être trompé ni avoir
été coupable, et la France n'est peuplée que

d'esprits justes et de cœurs droits. Chaque époque de la révolution a eu ses hommes *vertueux*; et sans le *Moniteur*, nous serions embarrassés du choix.

Quand Alexandre, déjà meurtrier de Clitus dans un accès de colère et de débauche, voulut se faire rendre les honneurs divins, ses propres sujets, les Macédoniens, peuple monarchique, s'y refusèrent avec indignation. Les Grecs, qui servoient comme auxiliaires dans son armée, nés et élevés dans des républiques, non-seulement obéirent aux ordres d'Alexandre, mais prévinrent même ses désirs. Il n'y a que les sujets des États monarchiques qui sachent garder la mesure dans l'obéissance, parce qu'eux seuls sont dans la nature de la société. Si Bonaparte avoit voulu se faire dieu, le collége des prêtres étoit tout prêt : il auroit été adoré ; et peut-être nos *Brutus* et nos *Cassius*, ces fiers ennemis des rois, lui doivent quelque reconnoissance pour leur avoir épargné cette dernière honte.

« Vous serez des dieux », dit aux premiers hommes, a fait dans le monde la première révolution. « Vous serez des rois », dit aux peuples, a fait la dernière. Et toujours l'orgueil ! Qu'elle est vraie et profonde la doctrine qui recommande l'humilité !

Si l'homme étoit tout entier dans ses organes, ou il en seroit tout-à-fait le maître, ou, comme les animaux, il ne le seroit pas du tout. Mais il y a combat entre sa volonté et ses sens : donc ils sont deux.

C'est à l'homme à s'enrichir par le travail et l'économie. L'affaire de l'État, et même sa seule affaire, est de le faire bon ; et les gouvernemens doivent rendre aux familles, en morale et en religion, tout ce qu'ils en exigent en hommes et en argent.

Bien des gens qui veulent des loix, des tribunaux et des gendarmes, craignent des loix trop rigoureuses, des tribunaux trop sévères, des soldats trop obéissants. Ils ressemblent à un médecin qui conseilleroit des remèdes actifs, et ne prescriroit que des drogues éventées.

Quand les mœurs sont féroces, le plus grand crime est l'homicide; quand elles sont voluptueuses, le plus grand crime est le viol. Dans le premier état, l'homme fait la guerre à l'homme; dans le dernier, il la fait à la femme; et le viol, surtout celui de l'enfant, est un véritable homicide, et l'extrême oppression de l'extrême foiblesse. Je sais ce que des médecins et des physiologistes ont dit pour atténuer la gravité de ce crime : mais, grand Dieu! est-ce avec des savants en physique qu'on fait des loix morales?

Idéologie, étude stérile, travail de la pensée sur elle-même, qui ne sauroit produire. Tissot auroit pu traiter, dans un second volume, de cette dangereuse habitude de l'esprit.

Tout désordre dans un État est un commencement de révolution, comme toute infirmité dans l'homme est un pas vers la mort.

Toute la science de la politique se réduit aujourd'hui à la statistique : c'est le triomphe et le chef-d'œuvre du petit esprit. On sait au juste (et j'en ai vu faire la question officielle) combien dans un pays les poules font d'œufs, et l'on connoît à fonds la *matière imposable*. Ce qu'on connoît le moins sont les hommes; et ce qu'on a tout-à-fait perdu de vue, sont les principes qui fondent et maintiennent les sociétés. L'art de l'administration a tué la science du gouvernement.

Les grandes commotions politiques inspirent deux sentiments opposés; un profond amour du repos, ou une ambition effrénée : elles font des conspirateurs ou des anachorètes.

Il y a eu trois coalitions de peuples célèbres

dans l'histoire du monde : celle des Grecs, pour venger l'injure faite à une famille ; celle des Chrétiens, pour venger l'injure faite à leur religion ; celle des Européens, pour venger l'injure faite à la royauté. Elles se rapportent aux trois états de la société : domestique, religieux et politique. La France a été, dans ces derniers temps, l'*Hélène* de l'Europe, et d'autres Achilles ont vu, sans sortir de leurs tentes, les progrès des Troyens, jusqu'au moment où leurs intérêts les plus chers leur ont fait prendre les armes ; les dieux aussi se sont mêlés de la querelle, et y ont plus fait que les hommes.

———————

L'Europe est un grand *panorama* politique : vous y voyez au naturel tout ce qui constitue la société..... L'illusion est complète. Tout paroît se mouvoir, et rien ne marche.

———————

Les titres honorifiques accordés à la noblesse, depuis qu'ils ne sont plus, comme au temps des grands fiefs, des titres de souverai-

neté, ont commencé sa ruine, et les décorations l'ont achevée.

———————

Rien n'est utile dans la constitution d'un
État, que ce qui y est nécessaire. On disoit autrefois le sire de Joinville, le sire Bertrand du
Guesclin : ils ne prenoient souvent entre eux
aucun autre nom que celui que la religion
leur avoit donné au baptême, ne portoient
aucune autre décoration que leur armure, et
ils étoient cependant de bonne maison. On
disoit bien les *Barons* collectivement, ou le
Baronnage en parlant des nobles assemblés devant le roi, en conseil ou en jugement; mais
aucun d'eux ne prenoit la qualité de baron
dans la vie privée; l'ordre étoit plus, et l'individu moins. Si l'on appela plus tard les rois
Majesté, ce n'étoit que dans l'idiome latin, où
ce titre, emprunté des loix des empereurs romains, étoit sans conséquence; et il sembloit,
chez les Chrétiens, réservé à Dieu seul. On ne
donnoit pas aux ministres du *Monseigneur* ni
de l'*Excellence*; il y avoit en tout plus de modestie dans les mœurs, et par conséquent plus

d'égalité entre les hommes. L'accumulation et l'exagération des titres ont toujours été, dans les États, un accompagnement nécessaire du despotisme, et un signe infaillible de décadence. Nous avons eu la preuve de l'un et de l'autre dans le superlatif grec *archi*, dont Bonaparte avoit surchargé les titres plus simples de nos anciennes dignités. Cette vanité étoit parvenue à son dernier excès chez les Grecs du Bas-Empire, comme tant d'autres vanités; et les peuples modernes auroient dû s'en défendre.

———

Les biens du clergé étoient la source universelle de la richesse des familles, ils remplissoient cet objet de deux manières : l'Église se chargeoit d'une partie des enfants, et la famille finissoit par hériter de leurs épargnes.

———

Le christianisme a perfectionné ce qu'il y a eu de plus parfait chez les trois peuples les plus célèbres de l'antiquité : les arts des Grecs, les mœurs des Romains, et les loix des Juifs.

Nous avons plus de mérite que les anciens à mépriser la mort, parce que le christianisme, au moins jusqu'à nos jours, avoit mis plus de douceur dans la vie, ne fût-ce que le commerce innocent entre les deux sexes, introduit par les mœurs chrétiennes, et la charité universelle qu'elles avoient répandue.

Les bons esprits du siècle de Louis XIV auroient été révoltés d'entendre parler de la liberté de la presse, que ceux du nôtre appellent à grands cris. Cette différence dans les opinions s'explique aisément : on ne demande des lumières que lorsqu'on n'y voit plus.

La liberté absolue de la presse est un impôt sur ceux qui lisent : aussi n'est-il demandé en général que par ceux qui écrivent.

L'histoire a injustement flétri du nom de *fainéants* quelques-uns de nos premiers rois.

Juvenis qui nihil fecit; mais que pouvoient-ils faire avec ce ministère des maires du palais, si puissant, quoiqu'il ne fût ni solidaire ni responsable, qui les dispensoit de régner, et les séparoit de la nation comme des affaires?

———————

L'histoire d'Angleterre, depuis sa dernière révolution, est celle de ses ministres bien plus que de ses rois; et elle date plutôt du ministère de *Walpole*, de *Chatam* ou de *Pitt*, que du règne de George II ou III.

———————

J'aime mieux, pour le bien de l'Etat, des ministres qui se croient responsables à Dieu, que des ministres qui sont responsables aux hommes.

———————

La noblesse n'a soigné que le moral de son institution, et en a abandonné au caprice des hommes et au hasard des événements, le matériel; fortune, races, alliances, etc., c'est ce qui l'a perdue.

Le gouvernement avoit eu tort de permettre l'accumulation des grandes terres dans les mêmes maisons : tout propriétaire de terres qui possédoit deux manoirs avoit détruit une famille.

Molière a fait une comédie bouffonne sur l'espèce de sentiment que la noblesse inspiroit de son temps à la bourgeoisie ; aujourd'hui on pourroit faire, sur ce même sujet, un drame, et même assez sombre.

Il n'y a d'indépendant sur la terre que le pouvoir public et le pouvoir domestique. Le père de famille et le roi ne relèvent que de Dieu.

Un homme qui a des sentiments élevés s'honore d'être sujet, et se résigne, par devoir, à devenir subalterne.

Il y a pour l'homme tant de devoirs, domestiques, religieux, politiques, qu'il faut redouter les engagements; car on peut être assuré que les engagements qui ne fortifient pas les devoirs affoiblissent les vertus.

Ce ne sont pas les devoirs qui ôtent à un homme son indépendance, ce sont les engagements.

Faire quelque chose d'utile aux autres, c'est demander de l'emploi à la société; mais les hommes qui disposent des honneurs et de la fortune, veulent qu'on leur demande à eux-mêmes; et c'est ce qui fait que tant d'œuvres utiles sont demeurées sans récompenses.

Les uns savent ce qu'ils sont, les autres le sentent. Or on oublie ce qu'on sait, et jamais ce qu'on sent; et c'est ce qui explique dans les mêmes circonstances, et les hommes de la

même condition, la souplesse des uns et la
roideur des autres.

Je ne crois pas qu'un homme qui se justifie
à lui-même, je ne dis pas de grandes fautes,
mais de grands crimes, puisse avoir une idée
juste en morale et en politique.

On ne devroit assembler les hommes qu'à
l'église ou sous les armes ; parce que là ils ne
délibèrent point, ils écoutent et obéissent.

Il suffit que quelques-uns soient coupables
pour que tous soient malheureux. Une révolution n'est que la faute de quelques-uns et le
malheur de tous.

Il y a beaucoup de gens qui ne savent pas
perdre leur temps tout seuls. Ils sont le fléau
des gens occupés.

Les loix civiles sont assez bonnes quand elles

sont fixes. Les loix politiques ne sont fixes que quand elles sont bonnes.

Lorsqu'on a donné à la société un grand scandale d'opinion, qu'on est heureux de trouver l'occasion d'en faire une réparation publique! Ce bonheur a manqué à J.-J. Rousseau. Il reconnoissoit qu'il s'étoit trompé dans le *Contrat Social.* « C'est un livre à refaire, disoit- » il lui-même ; mais je n'en ai plus la force ni » le temps. » Voltaire, m'a dit souvent le premier de nos littérateurs, s'il avoit pu voir l'effet des doctrines qu'il a propagées, auroit été prêcher contre lui-même, une croix à la main.

Les gens qui aiment la dispute devroient ne disputer que sur ce qu'ils ne peuvent jamais éclaircir ; alors la dispute seroit intéressante, parce qu'elle seroit interminable. Mais disputer sur l'existence de Dieu, l'immortalité de l'âme, la vie future, etc., ce n'est pas la peine. Il n'y a qu'à attendre.

Supprimer le repos du dimanche, parce que
ce jour-là le peuple s'enivre, c'est faire un mal
général pour remédier à un désordre indivi-
duel ; c'est du petit esprit, de cet esprit si commun de nos jours, qui des meilleures choses
ne voit que les abus, et des plus mauvaises,
que les avantages. Que le peuple se batte, qu'il
s'enivre ; mais qu'il soit religieux. Que l'enfant tombe, s'il le faut, mais qu'il marche.

La politesse pour un peuple est la perfection des arts ; la civilisation, la perfection des
loix. Il y a eu dans l'antiquité des peuples polis
par les arts ; il n'y a de civilisation que chez les
peuples chrétiens. Être policé, pour un peuple,
n'est pas la même chose qu'être poli. Tous les
peuples sont *policés*, plus ou moins, selon
leurs progrès dans la vie sociale. Les sauvages,
qui ne sont ni polis ni civilisés, ont leur police, et une association même de brigands se
soumet à quelques règles.

Les peuples brillent par la guerre, les arts et les loix. Mais chez un peuple parvenu à un haut degré de civilisation, ou de bonté morale, la guerre, pour être honorable, doit être défensive; les arts, pour être utiles, doivent être chastes; les loix, pour être bonnes, doivent être parfaites.

Les petits esprits sont tortueux dans les affaires, entortillés dans leur style, apprêtés dans leurs manières, cérémonieux dans leurs civilités. Ils aiment le merveilleux dans les histoires, la profusion des ornements dans les arts, en politique les divisions et les balances des pouvoirs; en sorte que l'on pourroit dire qu'en tout les *simples* aiment le *composé*.

On a peine à croire à la douceur d'une ame forte et à la fermeté d'un caractère doux et liant.

La fermeté qui vient des principes est bien

autrement roide que celle qui vient du tempérament et du caractère.

Les gouvernements les plus moraux sont
aujourd'hui ceux qui gardent une exacte neu-
tralité entre les bonnes et les mauvaises doctrines.

Il ne faut pas donner pour raison de la per-
mission d'imprimer de mauvais livres dans un
pays, qu'ils seroient imprimés dans un pays
voisin; car, outre que des éditions de livres
françois faites en Allemagne ou en Hollande
sont peu correctes et manquent même d'élégance typographique, si l'on mettoit à empêcher leur introduction, seulement un degré
de moins d'intérêt qu'à empêcher l'entrée aux
frontières des draps de Verviers ou des toiles
de Silésie, on en préviendroit efficacement la
circulation. Mais, dit-on, peut-on espérer de
faire disparoître du commerce des ouvrages
aussi répandus, par exemple, que ceux de
Voltaire? Rien de plus facile, si les gouvernements le vouloient; rien même de plus con-

séquent aux principes de la *Sainte Alliance*
prise à la lettre; d'ailleurs le système des
douanes n'a pas pour objet d'anéantir les
manufactures des États voisins, mais d'empêcher ou de rendre plus difficiles l'introduction de leurs produits. Et depuis quand est-il
permis aux hommes de laisser au mal un libre
cours, sous prétexte qu'ils ne peuvent pas le
faire entièrement disparoître?

———

L'homme, pour faire le mal, n'a que sa propre
force; les gouvernements ont pour l'empêcher
et faire le bien une force immense; la force de
Dieu même et de l'ordre éternel.

———

La langue est sans réserve et sans voile chez
un peuple simple qui ne voit que des nécessités naturelles ou des devoirs; elle est licencieuse et effrontée chez un peuple sans morale qui fait tout servir aux passions et aux
jouissances; elle est chaste et même prude chez
un peuple éclairé sur les principes des loix et

des mœurs, mais entraîné au plaisir par les arts.

———

Un ouvrage dangereux écrit en françois est une déclaration de guerre à toute l'Europe.

———

Premiers sentiments, secondes pensées, c'est dans les deux genres ce qu'il y a de meilleur.

———

On est assuré de la droiture de ses sentiments plus que de la justesse de ses pensées. Malheureusement il y a beaucoup de personnes qui se croient l'esprit juste, parce qu'elles ont le cœur droit : ce sont celles qui font le mieux le mal, parce qu'elles le font en sûreté de conscience.

———

Les intrigants sont des gens perpétuellement occupés à faire des romans; le mot *intrigue* s'applique même à la fable du roman, comme aux fables de la vie. Aussi, dans les pays où il y a beaucoup d'intrigues, il se fera beaucoup de romans.

Voltaire, J.-J. Rousseau, d'Alembert et d'autres écrivains du même temps, ont vécu dans le célibat, ou n'ont pas laissé leur nom dans la société. Ils semblent avoir redouté l'arrêt définitif de la postérité, et avoir voulu n'être jugés que par contumace.

L'auteur d'un ouvrage sérieux a complètement échoué, si on ne loue que son esprit.

Il n'y a jamais que deux partis dans la société. « Qui n'est pas avec moi est contre moi », a dit la vérité même.

La *liberté*, l'*égalité*, la *fraternité* ou la *mort*, ont eu dans la révolution une grande vogue. La *liberté* a abouti à couvrir la France de prisons; l'*égalité*, à multiplier les titres et les décorations; la *fraternité*, à nous diviser; la *mort* seule a réussi.

———

L'ordre politique a ses prodiges comme l'ordre physique. Le monde, dans son enfance, a vu ceux-ci; le monde, à son dernier âge, voit les autres.

———

La pire des corruptions n'est pas celle qui brave les loix, mais celle qui s'en fait à elle-même.

———

Chez un peuple lettré, le plus grand mal qu'on puisse faire à la société, est la publication d'une fausse doctrine de religion, de morale ou de politique. Les gouvernements redoutent beaucoup trop l'influence des journaux sur la tranquillité publique, et ils ne craignent pas assez la corruption lente, mais profonde, que répandent les ouvrages sérieux. Ils sont plus alarmés d'un accès de fièvre éphémère, que de la gangrène. Le remède à un article dangereux de journal, se trouve le lendemain dans un autre journal. La réfutation d'un mauvais livre ne vient quelquefois qu'après un

siècle, et n'est souvent qu'une révolution. La
société a rarement le spectacle de combats corps
à corps entre des écrivains contemporains de
même force. Bossuet et Fénelon sont nés dans
un siècle, Voltaire et Jean-Jacques dans un
autre.

On poursuit dans tous les États des biens
imaginaires aux dépens des biens réels. On
fait du crédit avec des dettes, et des dettes
avec du crédit.

On est propriétaire des fonds de terre, et
possesseur de tout le reste. Les loix sur la propriété sont des loix politiques : les loix sur la
possession, des loix civiles.

Les mutations fréquentes de propriétés sont
un avantage pour le fisc plus que pour l'État.
Une vente de biens dans les campagnes est en
général l'extrait mortuaire d'une famille.

L'État est réellement propriétaire de la partie de tous les fonds de terre qui représente le capital de l'impôt foncier, puisque les particuliers achètent les fonds, distraction faite de ce capital.

L'opulence est indépendante, et la pauvreté l'est peut-être davantage. Pour les hommes d'un certain caractère, la médiocrité est désespérante; elle n'est ni assez riche ni assez pauvre pour être indépendante.

Le regret d'avoir perdu tourmente bien moins les esprits, aigrit bien moins les cœurs, que la crainte continuelle de perdre. Cette vérité, puisée dans la connoissance du cœur humain, a été souvent méconnue de la politique.

En politique comme en religion, les nouveaux convertis ont quelquefois une ferveur indiscrète, et veulent un peu trop prouver leur changement.

On se fait un ennemi plus irréconciliable
d'un hypocrite qu'on démasque, que d'un scélérat qu'on accuse. En démasquant l'hypocrite,
vous trahissez un secret; en accusant un scélérat, vous n'êtes coupable que de médisance.

On auroit en Europe aboli beaucoup plus tôt
la question après condamnation à mort, s'il y
avoit eu plus tôt des sociétés, et de vastes et
profondes conjurations.

Les habitants des pays plats ont, en général, moins de verve dans l'esprit, de chaleur
dans les sentiments, d'originalité dans les
idées, que ceux des pays montagneux; et par
cette raison aussi, ils ont moins d'âpreté dans
le caractère, et des formes plus douces et plus
polies : en tout, ces deux peuples tiennent
quelque chose du pays qu'ils habitent : dans
les plaines, on n'a point à combattre une na-

ture rebelle, et l'homme n'a besoin ni d'autant d'efforts, ni d'autant d'industrie que l'habitant des montagnes.

———

Si les peuples du midi de la France, dans les classes inférieures, ont plus que ceux du nord de ce qu'on est convenu d'appeler de l'esprit, une conception plus prompte, une expression plus vive et plus originale; la raison en est, je crois, que les premiers ont une langue à eux, et non pas les autres; les méridionaux parlent très-bien une langue qui leur est particulière, et les peuples du nord parlent très-mal une langue qui n'est pas la leur, puisqu'ils n'ont pu en suivre les progrès. Les uns possèdent mieux que les autres l'instrument de la pensée, et les peuples du midi parlent mieux leur idiome que le peuple picard ou normand ne parle le françois. Cette observation s'applique aussi aux Basques, renommés pour leur esprit et leur vivacité, et qui parlent aussi leur propre idiome.

————

Les modes varient sans cesse chez les peuples qui n'ont plus de mœurs, à prendre cette expression dans le sens le plus étendu.

————

Des hommes qui n'ont d'estime que pour la bravoure personnelle, et qui taxent d'exagération et de folie la fermeté d'esprit et de caractère, la constance dans le malheur, la fidélité à ses serments, tiennent quelque chose du sauvage, dont le caractère est aussi une extrême légèreté d'esprit, et une rare intrépidité.

————

Dans un pays où *tous les citoyens sont admissibles à tous les emplois*, comment peut-on se croire déshonoré si l'on n'obtient pas une place lucrative, ou se croire puni, si, après en avoir exercé une, long-temps et avec profit, on est prié de la céder à un autre qui en a besoin ?

Quel changement s'est-il fait dans les mœurs, qu'il faille aujourd'hui tant de gardes pour défendre les rois contre leurs propres sujets, et tant de soldats pour défendre l'homme contre son semblable, et des concitoyens entre eux! Tous les progrès des arts, et les découvertes même d'un Newton, dans les hautes sciences, peuvent-ils compenser la plus foible partie d'un si grand progrès de dépravation et de malice?

Les tyrans veulent la *division* entre les hommes, pour régner sur eux avec moins d'obstacle; les philosophes veulent une rigoureuse *uniformité* dans les choses, pour administrer plus à leur aise. Réunissez les esprits et les cœurs, et laissez les diversités partout où la nature les a placées et où la coutume les a introduites.

L'homme partage avec les animaux les passions des sens; l'orgueil ou l'ambition du pouvoir, qui est une passion de l'esprit, est proprement la sienne. La nature l'a fait pour gouverner; et en lui inspirant le désir d'être père, elle a soufflé dans son cœur l'ambition d'être roi.

———

Chacun aime la licence, et tous veulent l'ordre; et certes ici la volonté générale de la société n'est pas la somme des volontés particulières des individus.

———

Des sentiments élevés, des affections vives, des goûts simples font un homme.

———

« Les grandes pensées viennent du cœur », a dit Vauvenargues. Cette maxime est incomplète, et il auroit dû ajouter : « Les grandes et » légitimes affections viennent de la raison ».

———

Dans quelques contrées de l'Europe (et ce n'est pas en Turquie), la populace attaque des particuliers, pille leurs magasins, brise leurs métiers, démolit leurs maisons; elle s'oppose à l'arrestation des coupables et à l'exécution des jugements criminels; elle s'assemble en plein champ pour délibérer sur le gouvernement, et ces désordres sont fréquents; ils sont anciens; ils se commettent avec une sorte de calme froid et tranquille, qui est le dernier terme de la dépravation. C'est cependant, chez un peuple chrétien, ce qu'on appelle un état de société, et ce que des fanatiques, qui mettent la liberté avant la vertu, avant la propriété, avant l'ordre, avant tout, excusent, admirent peut-être comme une preuve de liberté publique.

————

Le beau en tout est toujours sévère.

————

Le bel esprit dissipe sa fortune de son vivant et meurt pauvre; le génie amasse des trésors et les lègue à l'avenir.

Le petit esprit est l'esprit des petites choses. Le petit esprit a été l'esprit dominant dans le dernier siècle, où l'on n'a vu que les arts, les plaisirs, le crédit, le commerce, la population, en un mot, le matériel de la société, choses petites, comparées aux choses morales dont on ne s'est occupé que pour les détruire.

Que d'écrivains célèbres qui ont tout connu hors la société ! L'école philosophique du dernier siècle n'y entendoit rien ; et ils auroient horreur d'eux-mêmes, les coryphées de cette époque, s'ils pouvoient voir l'effet de leurs doctrines sur l'état de la société.

Un homme qui vous dit : « Je n'aime pas la » métaphysique, la géométrie, la poésie, etc. », donne la mesure de son esprit. C'est un instrument de musique qui n'a pas toutes ses cordes.

Dans les mêmes positions, les devoirs ne sont pas les mêmes pour tous les hommes, et il est demandé davantage à celui qui a plus reçu.

Il faut infiniment d'esprit pour pouvoir se passer, même pendant quelque temps, de principes fixes dans la conduite privée ou publique, comme il faut connoître parfaitement la carte d'un pays pour aller à travers champs. Les principes, qui ne sont que des règles toutes faites de conduite, sont le plus sûr guide de ceux qui n'ont pas d'esprit, et le plus puissant auxiliaire de ceux qui en ont; et le génie lui même n'est en tout que la connoissance des vrais principes des choses.

La suffisance n'exclut pas le talent, mais elle le compromet.

———————

Il y a des temps où les intrigants travaillent en grand et font des conspirations; et il y a des hommes chez qui l'habitude de conspirer est une passion violente, et presque un besoin; ils conspirent envers et contre tous.

———————

Ce qui a perdu la France, est que tous les partis ont voulu, à l'envi les uns des autres, la rétablir.

———————

Le chef-d'œuvre de l'esprit chevaleresque est d'avoir ôté au courage sa férocité, et de l'avoir dirigé non vers l'oppression du fort, mais vers le soutien du foible.

———————

Un peu de romanesque dans les idées, et la conduite qui seroit ridicule dans un particulier, ne messiéroit pas toujours à un prince, parce que cette disposition d'esprit n'est guère compatible avec de grands vices et qu'elle fait mieux ressortir les vertus.

La corruption publique est celle qui naît de la licence des arts, et des arts de la pensée et de l'imagination. Il y a de la ressource tant qu'elle n'est que l'effet de passions privées : tout seroit perdu si elle devenoit spéculation et système.

A voir l'obstination avec laquelle le peuple repousse l'uniformité si vantée des poids et mesures, et les honnêtes gens persistant à dire, *pieds*, *pouces*, *lieues*, *livres*, *arpents*, etc., au lieu de *mètres*, *millimètres*, *kilomètres*, *kilogrammes*, etc. etc., on seroit tenté de croire que cette uniformité, commode peut-être pour les grandes opérations de commerce, d'administration fiscale ou de hautes sciences, est inutile pour les usages journaliers de la vie et le trafic intérieur, où elle a produit dans un an plus de fraudes et d'erreurs que la diversité des mesures n'en auroit produit dans un siècle. En effet, c'est sur la qualité qu'on trompe ou que l'on se trompe, plutôt que sur la quantité,

et l'uniformité des mesures n'empêche pas la
diversité des prix relative aux qualités différentes d'une même denrée. On a dû éprouver,
pour changer les poids et mesures, la même
difficulté qu'on éprouveroit pour changer la
langue d'un peuple, car cela aussi est une
langue. Ainsi, l'uniformité des poids et mesures a établi une diversité de plus, celle du
langage; et l'on se moqueroit d'un savant qui,
dans la conversation familière, évalueroit la
taille d'un homme en mètres et en millimètres.
Au reste, cette invention a coûté cher à un
grand nombre de jeunes gens, et tel conscrit
qui se seroit sauvé avec la mesure plus large
en pieds et en pouces, n'a pu échapper à
la précision des millimètres. Je crois qu'avec
la volonté, les rigueurs et les frais de tout
genre qu'on a employés pour établir, ou plutôt pour essayer l'uniformité des poids et mesures, on auroit établi l'uniformité de religion,
si les savants n'avoient jugé l'autre plus utile,
et surtout plus urgente.

C'est peut-être une grande question de savoir si, pour bannir la mendicité, il ne faudroit pas commencer par prévenir l'accroissement immodéré des fortunes. C'est le luxe qui crée la mendicité en faisant naître une population factice pour qui la nature n'a pas semé : et effectivement, on ne voit nulle part plus de misère que là où il y a d'immenses richesses. Si, dans une contrée, il y avoit une population proportionnée à la quantité des subsistances et de travail que le pays peut fournir, et qu'on voulût y fonder l'indigence et la mendicité, il suffiroit peut-être d'y appeler un riche fastueux, ou d'y établir une grande fabrique d'objets de luxe. Bientôt, à la faveur du surcroît de travail qui résulteroit des fantaisies ruineuses de l'homme opulent ou des besoins de la fabrique, les ouvriers afflueroient de tous côtés, il se feroit des mariages, il se bâtiroit des maisons, il naîtroit des enfants, et lorsque ces fortunes colossales, qui vont rarement à la seconde génération, se-

roient tombées, une population sans travail,
et par conséquent sans pain, surchargeroit le
pays, qui ne pourroit la nourrir qu'aux dépens
de la population agricole, et il faudroit y établir des bureaux de bienfaisance, et bientôt,
peut-être, des maisons de détention. Le désir
louable et moral de s'anoblir, prévenoit en
France l'excessif accroissement des richesses;
institution excellente, qui empêchoit une famille de trop s'enrichir, comme la loi des
substitutions l'empêchoit de se ruiner.

————

Etat légal, état légitime de société. Différence importante, et qu'on n'a pas assez mé-
ditée.

L'état légitime est conforme à la volonté de
la nature ou plutôt de son Auteur; et la première loi légitime et naturelle de l'état politique, est la légitimité de la succession.

L'état simplement légal est établi par la seule
volonté de l'homme : ainsi, l'indissolubilité
du mariage est l'état légitime de la société domestique. Le mariage dissoluble par la loi est

un état légal. L'unité du pouvoir est l'état légitime de la société politique; la pluralité des pouvoirs en est l'état légal.

Le progrès de la société et sa perfection consistent à rendre légal tout ce qui est légitime, et légitime tout ce qui est légal, c'est-à-dire, à avoir des loix bonnes et naturelles, et à ne pas en avoir d'autres. Une société parvenue à cet état est dans sa plus grande force de stabilité; et si elle éprouve une révolution, elle trouve en elle-même et dans ses propres forces le principe et les moyens de sa restauration.

Quand la société est tombée de l'état légitime dans l'état légal, et que les hommes ont mis leur propre volonté à la place des loix de la nature, ils montrent ou affectent un grand respect pour leur ouvrage. De là la magie du mot *loi* dans quelques gouvernements ou à quelques époques, qui justifie aux yeux des dupes ou des hypocrites les mesures les plus violentes ou même les forfaits les plus atroces. « C'est la loi », dit-on; et on courbe la tête sous le joug de toutes les erreurs et de toutes les passions.

———

Quand Dieu a voulu punir la France, il a fait retirer les Bourbons. Il a fait comme le père de famille qui éloigne la mère lorsqu'il veut châtier ses enfants.

———

Il a été plus aisé en France de renverser le pouvoir, qu'il ne le seroit aujourd'hui d'ébranler la légitimité. On a renversé le pouvoir avec des opinions; on ne pourroit attaquer la légitimité qu'avec des intérêts ; et les opinions dont on s'honore ont bien une autre force que des intérêts qu'on n'avoue pas.

———

L'ordre va avec poids et mesure; le désordre est toujours pressé.

———

Ne rien demander, et ne se plaindre de personne, est une excellente recette pour être heureux.

La passion du devoir, la plus rare de toutes les passions, est aussi la plus ardente et la plus active, parce qu'elle n'est pas, comme les autres, refroidie ou ralentie par les dégoûts, les incertitudes ou les remords : aussi la passion du devoir est la seule qui ait fait de grandes choses, des choses qui durent.

Le mélange des bons et des méchants dans l'administration d'un État en révolution, sert merveilleusement à prolonger le désordre, parce que les bons conduisent avec sagesse ce que les méchants font avec violence et contre toute raison. Si les méchants étoient seuls à gouverner, ils pourroient bien détruire; mais ils ne sauroient rien établir. La crise seroit violente; mais elle seroit courte.

En Angleterre, les mœurs monarchiques de la famille servent de correctif à la constitution populaire de l'État. Il y a dans la famille plus de respect de la femme pour le mari, des domestiques pour leurs maîtres, des soldats pour leurs officiers, plus de subordination enfin des inférieurs envers leurs supérieurs. En France, au contraire, la constitution monarchique de l'État et la force du pouvoir étoient le contre-poids des mœurs moins sévères, et, si l'on peut le dire, plus populaires de la famille. On devoit prévoir que les mœurs de la famille se relâche-roient encore davantage, si le pouvoir de l'État venoit à s'affoiblir, et que la constitution po-pulaire seroit partout, et dans l'État et dans la famille. C'est ce qui est arrivé.

———

Le système d'une dette publique place bien moins les particuliers dans la dépendance de l'État, qu'il ne met le sort de l'État dans les mains des particuliers.

———

L'impôt en nature de denrées est le seul qui se proportionne de lui-même et sans écritures, arpentages ou expertises, aux trois conditions nécessaires de toute production territoriale, la qualité du sol, l'état des saisons, et l'indus-

trie de l'homme. Cet impôt (si toutefois il faut
un impôt foncier), combiné avec les impôts
indirects, atteindroit, je le crois, la perfection dont cette matière est susceptible. On s'en
exagère les difficultés, puisqu'il étoit levé dans
toute l'Europe au profit de la religion.

———

Dans le système ancien de nos monarchies,
tout le service public, la religion, la royauté,
et le soulagement de toutes les foiblesses de
l'humanité, étoit doté en terres. Dans le système moderne, tout est à la charge du trésor
public. C'est le régime fiscal opposé au régime
féodal. Lequel des deux met l'existence de la
société le mieux et le plus à l'abri des événements? La nation a fait comme une famille qui
vendroit ses terres pour en placer les capitaux
à rentes viagères ou dans les fonds publics.

———

Si un État parvenoit à une telle disposition
de territoire qu'il ne pût désormais étendre
ou resserrer ses frontières sans affoiblir sa dé-

fense, il seroit fixe et fini. Alors une nouvelle politique commenceroit pour lui, et un nouvel ordre de devoirs pour son gouvernement. Cette nation auroit atteint l'âge viril, cet âge auquel l'homme a fini son accroissement. Les États les plus éloignés de cette situation sont la Russie et l'Angleterre, comme puissance insulaire et maritime. Les plus près d'y arriver sont la France et surtout l'Espagne. Cela seul expliqueroit la politique de tous ces États, les événements de leur vie sociale, et le rôle qu'ils ont joué en Europe. Rome n'eut jamais de frontière; Auguste, en prince habile, en sentit la nécessité et voulut lui en donner une; mais Rome, si j'ose le dire, avoit pris trop d'élan pour pouvoir s'arrêter; et cette cause précipita sa ruine, comme elle a hâté la chute de la France révolutionnaire.

———————

La révolution françoise a été le crime de l'Europe; et la France en porte la peine. Il y a eu de grandes erreurs dans le traitement de la maladie révolutionnaire. On a donné des

évacuants, et il ne falloit que des *toniques*.
L'épuisement de la France ne profite à aucun
autre peuple, et ne fera que prolonger l'état
violent de l'Europe et les dangers qui la menacent.

———————

Dieu laisse l'homme libre de faire le mal,
pour qu'il ait le mérite de faire le bien. La
politique moderne, au contraire, lie les mains
aux rois de peur qu'ils n'oppriment.

———————

Il doit y avoir dans tout État une proportion
naturelle, mais inconnue, de nombre et de
force, entre la partie qui possède et celle qui
travaille à posséder. Quand de faux systèmes
d'économie et de politique ont rompu l'équilibre au préjudice des propriétaires, une révolution est inévitable.

———————

Des législateurs présomptueux font des loix
qu'ils croient parfaites; et comme elles ne sauroient s'établir, *ils s'en prennent aux hommes
de la résistance que les choses leur opposent.*

1.   12

Rien ne peut les faire revenir de cette fatale méprise qui les conduit aux dernières violences, tels que des enfants qui tombent dans des accès de rage, de ne pouvoir faire une chose au-dessus de leurs forces. C'est là la grande erreur de l'assemblée constituante.

———————

Où étoit en Europe la perfection des loix, des mœurs, des manières, de la littérature, des arts, etc.? Étoit-ce chez les peuples républicains, qu'on appelle exclusivement des peuples libres, ou chez les peuples monarchiques? Quoi donc! la servitude seroit-elle plus favorable que la liberté au développement de toutes les facultés humaines? Je ne sais; mais je crains qu'il ne se soit introduit dans la politique la confusion d'idées et de langage qui s'est introduite dans la religion. On a appelé *esprits forts* les incrédules, qui sont réellement des esprits foibles; et l'on a regardé comme des esprits foibles les hommes attachés aux vérités religieuses, et qui sont les esprits les plus forts et les meilleurs; et peut-être aussi qu'en poli-

tique on a appelé libres les peuples qui le
sont le moins, et qu'on a regardé comme privés de toute liberté les peuples les plus libres
qui furent jamais.

D'où est venue la prompte et honteuse dégénération de la littérature, et même de la langue
romaine, depuis le règne d'Auguste jusqu'aux
derniers historiens de l'empire d'Occident?
Comment se fait-il que les modernes, étrangers à ce peuple d'origine, d'habitudes, de
mœurs, de loix politiques, de religion, de langage, aient, après tant de siècles de barbarie,
et à l'aide de quelques copistes ignorants, retrouvé, imité, quelquefois surpassé la littérature des anciens, et même, on peut dire, refait
leur langue, tandis que les Vopisque, les Lam-
pride, et autres écrivains de l'histoire *augus-
tale*, compatriotes et presque contemporains
de Tite-Live, de Cicéron, de Tacite, de Vir-
gile, d'Horace, qui pensoient et qui parloient
latin, qui avoient tant d'écrivains que nous
n'avons plus, et tant de rhéteurs et d'écoles

pour leur en expliquer les beautés, qui vivoient
sous l'influence des mêmes usages, des mêmes
loix, des mêmes traditions, de la même religion, du même climat, si l'on veut; comment
se fait-il qu'ils aient dégénéré à ce point de
leurs modèles, et en si peu de temps, et qu'ils
soient si pauvres de pensée et de style, et
même si barbares de langage? Ce problème à
résoudre seroit un beau sujet de prix académique, ou de discours de réception.

———————

Il y avoit à l'église Saint-Nicaise de Reims
un arc-boutant qui remuoit sensiblement au
son d'une certaine cloche. Ce phénomène, dû
au hasard, tenoit sans doute à une certaine
disposition des lieux environnants, peut-être
au *gissement* défectueux de quelques pierres
qui entroient dans la construction de l'arc-
boutant, peut-être à l'alliage des métaux dont
la cloche étoit composée, ou à l'angle sous lequel l'air agité venoit frapper l'arc...... Quoi
qu'il en soit, l'arc-boutant et la cloche ont été
détruits, et l'on pourroit défier tous les architectes du monde de reproduire ce singulier

phénomène, même en plaçant dans les mêmes
lieux une cloche et un arc-boutant, et en rétablissant avec la plus scrupuleuse exactitude
leurs dimensions. Il manqueroit toujours à
cette copie le principe intérieur et inconnu
du mouvement. Ne pourroit-on pas appliquer
cette comparaison aux imitations indiscrètes
d'institutions politiques étrangères? On veut
faire par art un ouvrage de hasard, dernier
résultat des événements produits pendant une
longue suite de siècles, par l'opposition des
esprits, des caractères, des intérêts; par les circonstances extérieures au milieu desquelles un
peuple a été placé, combinées avec des faits
antécédents; ouvrage de hasard, je le répète,
et qui a été chez un peuple autant l'effet de
ses rapports avec ses voisins, que de son état
intérieur. Vous aurez beau copier avec la plus
servile précision les formes extérieures de ces
institutions, en revêtir les livrées, en prendre
les noms, en imiter les usages, en reproduire
en un mot tout ce que vous pourrez en saisir;
vous aurez la lettre, une lettre morte, et vous
n'aurez pas l'esprit, l'esprit qui vivifie, qui

donne à cette grande et bizarre machine le jeu et le mouvement; et cet esprit, ce principe moteur, que vous cherchez dans une sage distribution de pouvoirs que vous croyez apercevoir, sera peut-être dans un abus que vous voudrez éviter.

———————

Jamais on n'a autant parlé des progrès de l'esprit humain, ni vu autant d'hommes égarés : est-ce que le progrès des esprits n'empêche pas leur égarement? ou seroit-ce cet égarement même que l'on prend pour un progrès?

———————

Pour gouverner les peuples, lorsqu'il y a tant d'esprit, il faut plus que de l'esprit.

———————

Les constitutions d'État compliquées font des hommes artificieux.

Dans le système moderne, le roi est placé de main d'homme. L'obéissance coûte moins à un caractère élevé, quand il le croit placé de la main de Dieu.

Tout pouvoir vient du peuple, dit la politique moderne; *omnis potestas à Deo*, dit la politique chrétienne, par la bouche de saint Paul. Les rois sont donc, selon l'apôtre, les ministres de Dieu pour procurer le bien, *minister in bonum*; les ministres de Dieu pour punir le mal, *vindex in iis qui malè agunt.* Ces deux ministères sont réunis dans la personne de tous les rois; quelquefois ils sont séparés, et Dieu envoie aux nations ou permet qu'elles se donnent des chefs qui ne sont que des ministres de châtiment et de vengeance; et, comme il le dit lui-même, des verges de sa fureur. Ce sont les tyrans qui ne sont pas, comme les rois légitimes, des ministres de la justice divine et ordinaire à l'égard des individus qui troublent l'ordre ha-

bituel de la société, mais des exécuteurs de sa
haute justice sur des nations coupables, que
Dieu livre ainsi à une commission extraordinaire, et qui même est presque toujours une
commission militaire. Tant que les rois sont
des ministres de bonté et de paix, *minister in
bonum*, les bons leur doivent l'obéissance *active*, l'obéissance du cœur, l'obéissance d'amour
et non de crainte; ce sont encore les paroles
de l'apôtre : l'obéissance alors est un devoir.
Quand, à leur place, ce sont des ministres de
vengeance et de colère, des tyrans, en un
mot, l'obéissance active, l'obéissance qui *sert*
n'est plus un devoir; mais l'obéissance passive, l'obéissance qui souffre, est une *nécessité*
imposée par la force. Ainsi, on ne peut s'empêcher de payer les impôts, même à un tyran,
par cela seul qu'on habite le sol soumis à sa
domination; et même il a une raison de les
exiger, puisque tout tyran qu'il est, il maintient par la force publique dont il dispose,
un certain ordre extérieur dans ses États; et
dans ce cas, c'est le propriétaire, en quelque
sorte, qui obéit plutôt que l'homme. Cette

différence entre l'obéissance active due aux rois légitimes, et l'obéissance passive qu'un tyran exige par la force, se retrouve même dans l'état ordinaire et légitime de la société. Les bons doivent aller partout où le roi les emploie pour le service de l'État; mais les malfaiteurs, par exemple, lorsqu'il veut les punir, ne lui doivent pas obéissance active; et certainement s'il n'employoit pas la force pour envoyer un scélérat au supplice, et qu'il se contentât de lui donner l'ordre d'y aller, le malfaiteur ne seroit pas même, en conscience, tenu d'obéir. Son obéissance est donc purement passive, comme doit être celle des sujets à l'égard d'un tyran. Cette obéissance passive n'empêche pas qu'on ne puisse se révolter contre lui lorsqu'on peut le faire avec quelque apparence de succès, et qu'on peut espérer de mettre fin à la tyrannie et de rétablir l'ordre légitime de la société; et ces tentatives, souvent infructueuses parce que l'homme ne connoît pas l'heure et le moment des desseins de Dieu, finissent par détrôner le tyran lorsque sa mission est remplie, et que la verge doit être brisée et jetée au feu.

La raison qu'on allègue aujourd'hui pour justifier les nouveaux systèmes en politique, est le progrès des lumières et la nécessité d'élever la société au niveau des connoissances actuelles. Traduisez ces mots par les progrès de l'orgueil et de la cupidité, et la nécessité d'avoir des places et de l'argent.

Il y a au contraire une perte réelle de lumières, puisqu'il y a une perte de bonheur et de vertu.

Les philosophes qui se sont élevés avec tant d'amertume contre ce qu'ils ont appelé des *préjugés*, auroient dû commencer par se défaire de la langue elle-même dans laquelle ils écrivoient ; car elle est le premier de nos *préjugés*, et il renferme tous les autres.

L'homme naît-il aujourd'hui sous un autre ciel et sur une autre terre, avec un autre corps, une autre âme, une autre intelligence, d'autres

passions, d'autres besoins, pour qu'il soit nécessaire de faire une autre société, et de tout
changer dans le monde?

———————

Il est étrange que les partisans de l'idée
la plus abstraite qu'il y ait au monde, la souveraineté du peuple, aient accusé de métaphysique les défenseurs de la monarchie, qui
est en politique ce qu'il y a de plus positif,
de plus sensible et de plus réel.

———————

Veut-on savoir quel est le peuple souverain?
qu'on le demande au peuple lui-même. Il vous
répondra, dans la simplicité de son bon sens,
que c'est le peuple propriétaire, souverain des
terres qu'il cultive, roi des valets qu'il commande, maître des animaux qui l'aident dans
ses travaux : c'est ce que la monarchie lui avoit
donné par l'inféodation, et que la république
lui a donné par les confiscations.

L'homme sensé qui entend parler sans cesse de la souveraineté du peuple, qui sait tout ce que ses délégués ou ses officiers sont obligés d'employer de loix, de force et de vigilance, pour contenir leur mandataire et leur souverain, et qui voit qu'un homme, membre du souverain, ne peut pas sortir de sa commune, même pour aller gagner sa pauvre vie, sans s'être fait dépeindre de la tête aux pieds, et avoir fait enregistrer, *ne varietur*, la hauteur de sa taille, la forme de son nez, la couleur de ses yeux, de son teint, de ses cheveux, son âge, et jusqu'à ses difformités, s'il en a; cet homme, dis-je, s'il n'a pas reçu du ciel ce genre d'esprit et d'humeur qui ne voit que le côté risible des objets, tombe dans le découragement, et il est tenté de désespérer de la raison humaine.

Ce n'est pas le peuple occupé qui réclame la souveraineté, c'est le peuple oisif qui veut faire le peuple occupé souverain malgré lui, pour gouverner sous son nom et vivre à ses dépens.

––––––––

Dans les royaumes de la terre, comme dans celui des cieux, après le temps des grandes fautes et des grandes erreurs, *il y a plus de joie pour un pécheur qui fait pénitence que pour quatre-vingt dix-neuf justes qui n'en ont pas besoin.* Mais autrefois, pour faire pénitence, on se jetoit dans un cloître ; aujourd'hui, on se jette.... dans les emplois.

––––––––

C'est une grande sottise d'avoir voulu inspirer l'amour exalté des anciens pour leur patrie, à des speuples qui n'ont plus d'esclaves pour travailler à leur place, qui payent de forts impôts, et qui sont entourés de peuples aussi policés et souvent plus heureux.

La révolution d'Angleterre me paroit avoir
tenu davantage à une certaine disposition dans
les choses, et celle de France beaucoup plus à
la disposition des esprits. En Angleterre, la révolution politique se fit par la constitution
même de l'État, et elle eut des motifs; en
France, elle s'est faite malgré la constitution,
et elle n'avoit pas même de prétexte. La révolution religieuse, qui chez l'un et l'autre peuple
a précédé ou suivi la révolution politique, eut,
en Angleterre, pour cause et pour mobile le
fanatisme de religion; en France, elle a été
faite par le fanatisme de l'impiété. Le premier,
plus franc, se montroit à découvert, et même
s'honoroit de ses pieuses illusions; l'autre,
réunissant les contraires, l'exaltation et l'hypocrisie, s'est couvert du voile de la religion
pour lui porter des coups plus assurés. En Angleterre, c'étoient des puritains qui vouloient
établir le règne de *Christ* (1); en France, c'étoient

_____

(1) Les Catholiques disent *le Christ*; les Réformés,

des philosophes qui vouloient l'abolir à jamais
pour établir le leur. Là, existoit une lutte entre
des Protestants et des Catholiques, enfants du
même père et de mères différentes, unis, malgré
la diversité de leurs opinions, par quelques
principes de religion et de morale communs aux
deux partis. Ici, des Chrétiens combattoient
contre des athées, et ils étoient opposés les uns
aux autres comme l'être et le néant. Aussi, s'il
y a eu en Angleterre plus de premier mouvement et une haine plus franche et plus im-
pétueuse, il y a eu en France plus d'art dans la
persécution, plus de malice dans la haine, plus
de méthode dans la destruction. On voit que
la révolution françoise a été faite par des beaux
esprits et des savants, qui ont mis de l'ordre dans
le bouleversement, comme ils en mettoient
dans leurs idées et leurs études.... En tout, ces
deux révolutions, ou plutôt ces deux actes d'une
même révolution, ne peuvent avoir d'autre

Christ, sans article. Cette différence n'est pas purement
grammaticale, elle est dogmatique : l'article marque la
réalité.

dénoûment que la restauration générale de la
société ou sa mort.

———————

La révolution a moins corrompu les mœurs
qu'elle n'a affoibli les esprits. La connoissance
des hommes et de la société paroît surtout entièrement effacée ; et on ignore à la fois ce qu'il
y a de mauvais dans le cœur de l'homme et ce
qu'il y a de bon, et ce qu'il y a de foiblesse dans
le mal et de force dans le bien.

———————

Tout État où le peuple a part au pouvoir, et
dispose des finances pour accorder ou refuser
à son gré les fonds nécessaires à la défense de
l'État et à l'entretien de l'administration, rap-
pelle un peu ces ménages divisés, où les époux
n'ont ni le même lit, ni la même table, et où
tous les biens appartiennent à la femme et sont
paraphernaux ; le mari n'en peut rien obtenir
qu'à force de complaisances.

Lorsque, par le malheur des temps, la justice, à qui le droit en appartient, ne peut pas prononcer sur le juste et sur l'injuste, il se forme, dans la société, des opinions opposées sur l'honneur et même sur la vertu; et dès lors on ne s'entend plus sur rien.

On est effrayé de penser combien de probités en Europe n'attendoient qu'une occasion et un prétexte pour devenir, même sans haine et sans sujet, d'atroces injustices.

Dans les assemblées délibérantes, le facile *parlage* de l'esprit a un grand avantage sur le laconisme sévère de la raison : et il y a de quoi trembler pour la vérité, lorsqu'elle descend dans cette arène ; là surtout où l'on ne tient aucun compte de la sagesse et de l'expérience des temps passés.

Les esprits faux qui raisonnent conséquemment et selon toutes les règles de la logique, ressemblent un peu à des maîtres en fait d'armes qui tirent de la main gauche : ils sont eux-mêmes plus exposés, et sont plus dangereux pour leurs adversaires.

Les états-généraux étoient le dernier remède aux maux désespérés de la monarchie. Il ne guérissoit pas les plaies de l'État, que rien ne peut guérir que le temps ; mais il rassuroit l'imagination des peuples, toujours plus agités par les malheurs qu'ils prévoient que par ceux qu'ils souffrent. Dans tous les gouvernements, il faut une dernière ressource. A Rome, c'étoit le dictateur ; dans les républiques modernes, ce sont les *conventions*. Mais Rome, dans sa haute sagesse, changeoit, pour dernier remède, la république en monarchie ; et les républiques modernes n'ont fait, avec leurs *conventions*, qu'accroître le mal en outrant la démocratie.

———

Tous les États, aujourd'hui, se constituent pour l'attaque plutôt que pour la défense ; et il y a en Europe plus de force d'agression que de force de stabilité.

———

Le commerce fait la prospérité des États ; on le dit : mais avant tout il veut la sienne ; et toutes les usurpations y trouvent des fournisseurs, la contrebande des assureurs, et les finances des agioteurs, qui font hausser ou baisser les fonds publics dans leur intérêt, et jamais dans celui de l'État.

———

Les spectacles de tout genre qu'on donne ou qu'on permet au peuple dans les grandes villes pour amuser son oisiveté, disposent aux attroupements, et habituent les hommes à se communiquer rapidement les impressions qu'ils éprouvent : la politique n'y gagne pas plus que la morale.

————

On devroit dire les connoissances physiques, et les sciences morales.

————

On amende sa conduite extérieure, on ne change pas d'opinion politique; royalistes, constitutionnels, républicains, nous en sommes tous au même point; et l'unité de pouvoir, la division des pouvoirs et la souveraineté du peuple, ont les mêmes partisans. Les uns ont pour eux l'expérience de la révolution; les autres pleurent de tendresse en songeant au bonheur que leur constitution prépare au monde; et les républicains de bonne foi sèchent de regret de tout le bien que la résistance qu'on a opposée à leurs plans les a empêchés de réaliser pour la prospérité du genre humain.

————

Il est singulier qu'on choisisse quelquefois, pour conduire les affaires, les hommes qui ont le plus mal jugé les événements.

Les princes, en protégeant et faisant éclore le bel esprit, se donnent des flatteurs de leurs vices, des censeurs de leurs vertus, des détracteurs de leur conduite, et des rivaux de leur pouvoir.

Le costume des emplois publics, militaires, judiciaires, ecclésiastiques, etc., annonce que celui qui en est revêtu a des devoirs spéciaux à remplir. Le costume académique dont Bonaparte a décoré des gens de lettres, signifie que celui qui le porte a plus d'esprit ou de science que les autres. Les devoirs sont un fait; l'esprit et la science sont des prétentions.

Le bon sens et le génie sont de la même famille; l'esprit n'est qu'un collatéral.

———

Il y a entre les membres d'un même corps une solidarité de considération qui fait que les uns perdent toute celle qu'ils sont obligés de prêter aux autres. C'est une raison pour l'autorité, de ne composer les corps que d'éléments homogènes.

———

Le bon sens ni même le génie ne suffisent plus aujourd'hui aux ministres d'un gouvernement représentatif : il faut de l'esprit, et même du bel esprit; de la facilité à parler en public, qui peut ne pas se rencontrer avec la rectitude du jugement et la profondeur des vues ; l'art de parler sans rien dire , et de riposter sans répondre ; d'essuyer, sans en être ému, les plus rudes attaques, ou de préparer les esprits, sans trop éveiller l'attention, aux propositions les plus délicates. En un mot, il ne suffit plus aujourd'hui, pour défendre la place, d'hommes courageux ; il faut encore des férailleurs. Le laconique et rébarbatif Sully y auroit été bien empêché.

Trouve-t-on dans aucun livre une leçon de courage, même politique, pareille à celle que donne l'Évangile : « Ne craignez pas ceux qui » ne peuvent tuer que le corps? » ou une leçon d'indépendance civile, telle que celle que saint Paul donne aux chrétiens quand il leur dit : « Vous ne vous devez rien les uns aux autres, » que de vous aimer mutuellement?» C'est qu'effectivement l'homme ne doit rien à l'homme, il ne doit qu'au pouvoir.

L'usage des choses communes, temples, eaux, bois, pâturages, constitue proprement la commune. En effet, il n'y a plus de commune là où il n'y a plus de communauté de jouissances ; les communaux étoient mal administrés : cela peut-être ; il est possible que leur partage, dans quelque commune, ait produit un peu plus de blé : je le crois ; mais sans parler des contrées où ce partage, qui empêche le parcours des troupeaux et les resserre dans de trop petits espaces, ruine cette branche importante de l'agriculture, il n'y a plus de propriété commune entre les habitants d'un même lieu, par conséquent, plus de communauté d'intérêts, plus d'occasions de délibération et d'accord. Un exemple fera mieux entendre toute ma pensée: s'il n'y avoit qu'une fontaine publique dans un village, et que l'on en distribuât les eaux dans chaque maison, on ôteroit aux habitants une occasion continuelle de se voir, de se parler, de s'entendre. Quand les opinions les divisent, ne rapprochez pas les hommes les uns des autres; quand les besoins les réunissent, ne les isolez pas.

———

Quand des esprits malins et rusés persuadent au peuple qu'il est souverain, ils lui présentent, comme le serpent à Ève, le fruit défendu; alors ses yeux s'ouvrent, non sur ses devoirs et sur les douceurs de la vie privée et de la médiocrité, mais sur l'infériorité de son état; infériorité nécessaire, inévitable, et que dans l'orgueil de ses nouvelles lumières il prend pour

de la misère et de l'oppression. Il a conservé
toute son ignorance, et il a perdu sa simplicité.
Heureux tant qu'il n'étoit que sujet, il se trouve
comme souverain, pauvre et nu. Alors tout
bonheur est fini pour lui; et, exilé de l'ordre,
comme Adam du paradis terrestre, il entre
dans une longue carrière de révolutions et de
calamités.

La simplicité n'est ni ignorance ni bêtise, et
elle peut s'allier à beaucoup de connoissances,
à beaucoup d'esprit, et même à du génie; elle
est pour l'esprit ce que la modération est pour
le caractère, et une sage économie dans l'emploi de sa fortune; elle consiste à ne savoir que
son état, à ne faire que son métier, et à ne pas
se croire, par exemple, théologien, parce qu'on
a étudié en médecine; ou publiciste, parce
qu'on suit un cours d'histoire naturelle ou de
chimie, et qu'on sait tenir un compte en parties doubles.

―――――

Si l'Angleterre n'a pas été depuis un siècle agitée de troubles intérieurs, elle le doit bien moins à sa constitution, naturellement orageuse, qu'à la succession masculine et du père au fils, qui y a été par le fait observée pendant ce période, long pour elle, de tranquillité, et aussi parce qu'elle a eu, pendant cet espace de temps, une suite de princes qui ont eu précisément le degré de lumières et de force de caractère que demande sa constitution.

―――――

La succession féminine, en usage en Angleterre, est une loi imparfaite, et aussi contraire à la nature de la société qu'à ses intérêts. Sa représentation nationale est très-peu nationale, puisqu'il y a un grand nombre de députés nommés par la couronne ou par l'influence des grands tenanciers ; elle n'est ni égale ni exacte, puisque de très-petits bourgs ont, à cet égard, un privilége refusé à de grandes cités. La taxe des pauvres est un impôt accablant,

aussi vicieux en administration qu'en morale;
les loix pénales contre les catholiques, la presse
violente des matelots, les désordres des élections, des mœurs ou des coutumes bizarres,
comme celle qui accorde à un mari outragé
des dommages et intérêts contre le séducteur
de sa femme, ou même la faculté de la vendre,
tout cela assurément n'est pas en harmonie
avec *le progrès des lumières*, ni même avec la
perfection du christianisme. Tout le monde en
convient; mais dût l'Angleterre périr, il faut
laisser les choses telles qu'elles sont; la constitution ne renferme aucun moyen de perfec-
tionnement, et cet assemblage de pièces mal
assorties que le hasard a formé, et que l'habitude maintient, se disloqueroit de toutes parts
si l'on entreprenoit d'y changer la moindre
chose. Ainsi, la France est tombée en révolution du moment que l'on a touché à de bonnes
institutions, et l'Angleterre seroit bouleversée
si l'on vouloit y en corriger de mauvaises. Les
partisans du gouvernement anglois admirent
sa constitution, précisément à cause qu'elle
résiste à de pareils désordres. « Voyez-vous, di-

» sent - ils, comme l'Angleterre se soutient,
» malgré tous les vices de ses loix ». C'est comme
si l'on disoit : « Voyez ce mur comme il penche,
» et cependant il se soutient ». Soit ; mais est-ce
une raison pour ne pas élever les murs per-
pendiculaires ?

———————

Je me représente la révolution comme un
char sur lequel s'étoient embarqués des voyageurs qui quittoient leur patrie pour voir du
pays, et ne savoient trop où ils alloient. A
mesure qu'ils trouvoient le long de la route
un lieu qui leur paroissoit agréable, ils auroient voulu descendre ; mais comme le char
alloit toujours, ils sautoient à bas de la voiture
pour l'arrêter, et tomboient sous les roues.
La monarchie constitutionnelle tenta les premiers, c'étoient les plus tôt fatigués du voyage ;
ils voulurent mettre pied à terre. Mal leur en
prit : le char alloit toujours, et fut tout d'une
traite jusqu'à la république de 93. Le site étoit
horriblement beau, et il plaisoit à quelques-
uns ; mais le char redoubla de vitesse, et ceux

qui voulurent en sortir périrent misérable-
ment. La vitesse se rallentit en approchant du
directoire, on espéra du repos; mais malgré
tous les efforts de ceux qui se seroient accom-
modés de ce séjour, il fallut passer outre et
pousser jusqu'au consulat. Personne ne voulut
s'y arrêter, et on croyoit de loin voir un meilleur gîte. On arriva effectivement à l'empire:
là le chemin parut plus uni, le pays moins
rocailleux; mais le char marcha avec plus de
rapidité que jamais, et malgré la bonne envie
qu'en avoient les voyageurs, harassés d'une si
longue course, on ne put ni arrêter ni descendre. A la fin, le chemin devint plus rabo-
teux, les chevaux prirent le mors aux dents,
le char fut lancé dans des précipices; et après
les plus rudes secousses et les accidents les plus
périlleux, il s'est retrouvé à la monarchie constitutionnelle.

———

Un État est commerçant, un autre est agricole, c'est leur nature, et les hommes n'y
changent rien. C'est une grande erreur de

croire y affermir des principes de gouvernement contradictoires à la nature de chacun
d'eux : la nature reprend le dessus. Je ne
parle que des États indépendants qui ont en
eux-mêmes le principe et la raison de leur
pouvoir; car il y a des États en Europe qui
ne sont que de grandes municipalités indépendantes de droit et non de fait.

———

Un pays est assez peuplé lorsqu'il a tous les
hommes nécessaires à la culture de ses terres
et à la fabrication de leurs produits pour l'usage
des habitants; tout ce qui est de beaucoup au-
dessus de cette proportion naturelle est excès
et vice.

———

L'état sauvage est l'état de possession, et
l'enfant même possède ce qui est à son usage.
L'état de civilisation est l'état de propriété;
deux choses distinctes l'une de l'autre, puisqu'on peut être possesseur sans être propriétaire, ou propriétaire sans être possesseur. La

propriété est proprement la possession de la
famille ; et comme la famille se perpétue par
l'hérédité, la propriété est une possession héréditaire. L'État garantit la possession, mais
c'est la famille seule qui donne et transmet la
propriété ; et l'État peut faire des possesseurs
et non des propriétaires ; la loi même de la
prescription n'assure la propriété que parce
qu'elle suppose le consentement de la famille,
puisque de sa part tout acte de revendication
interrompt la prescription.

———————

Il y a pour un homme de la foiblesse de cœur
à se laisser gouverner par une femme, et de la
foiblesse d'esprit à se laisser gouverner par un
homme. Les hommes de sens prennent conseil de tout le monde, et ne sont gouvernés
par personne ; les sots éloignent les conseils,
de peur de laisser croire qu'ils sont gouvernés.

Bonaparte avoit des idées plus justes sur la
constitution que sur l'administration, parce
qu'il prenoit les premières dans son esprit
et les autres dans ses habitudes, toutes militaires. Et, par exemple, comme à la guerre
le nombre décide, et qu'il y a, pour l'effet, de
la différence entre un régiment à deux batail-
lons, un régiment à quatre et un régiment à
six, il avoit classé les préfectures en trois ou
quatre cathégories, suivant la population des
départements. Nous avons continué cette méprise, et nous avons mis entre des collections
toutes semblables l'inégalité positive que nous
abhorrons entre les individus. Cette distinction
est fausse et même incommode en administration; elle multiplie les prétentions et par
conséquent les frottements. Elle apprend aux
hommes à distinguer des fonctions toutes semblables par le tarif plus ou moins élevé des
traitements. Elle fait qu'un homme se regarde
comme en disgrâce si on le laisse trop long-
temps dans une petite préfecture, où il y a

toujours de grands biens à faire, et où il en
feroit bien davantage s'il y restoit plus long-
temps; elle accoutume les hommes à ne se
croire fixés que lorsqu'ils sont dans certaines
places ou dans certaines villes, etc. etc. Les
grandes préfectures sont celles que le génie des
peuples rend difficiles à gouverner, et une population plus nombreuse ne demande souvent
qu'un plus grand nombre de commis.

———————

La responsabilité légale des ministres ne fait
qu'affoiblir la responsabilité morale; elle en-
hardit l'homme peu délicat, qui ne répond que
sur sa tête si rarement exposée, même lorsqu'elle est compromise; elle intimide l'homme
vertueux, qui répond sur son honneur toujours compromis, même lorsqu'il n'est pas
exposé, et qu'une absolution flétrit presque
autant qu'une condamnation; elle met des
hommes élevés en dignité en *prévention* de
trahison ou de concussion, parce qu'elle porte
sur un si petit nombre d'individus qu'elle
équivaut à une désignation personnelle; elle

dégage le roi de toute autre responsabilité,
même à l'égard de sa conscience, que de celle
du choix de ses ministres, choix toujours innocent, même lorsqu'il seroit malheureux ;
elle isole le roi et le sépare de ses sujets, qui
ne peuvent plus dire comme autrefois : *Ah!
si le roi le savoit!* mais qui doivent dire : *Si les
ministres le savoient!* Or, on pardonne au roi
d'ignorer, et non pas aux ministres ; on croit
mettre la royauté plus à l'abri : c'est un faux
respect ; s'il n'y a plus de plaintes, c'est qu'il
n'y a plus d'amour ; car l'amour aime à se
plaindre ; et la royauté n'est plus compromise,
parce qu'elle est devenue indifférente. On entend dire continuellement qu'une bonne loi
sur la responsabilité des ministres est difficile
à faire ; je le crois bien : elle est impossible.
Tout au plus on peut faire un code de procédure. Une loi est injurieuse pour les ministres
vertueux, inutile pour ceux qui ne le sont pas ;
et ceux-ci, elle les conseille bien plus qu'elle
ne les menace.

C'est un grand danger pour la société, lorsque les méchants n'ont plus la ressource d'être hypocrites.

Les gouvernements sont bien malavisés lorsqu'ils ne laissent pas à la religion le soin de nourrir les pauvres ; elle s'en tire à moins de frais, et les pauvres sont moins exigeants. Voyez l'Angleterre, et sa taxe des pauvres établie bientôt après sa révolution religieuse.

Il en est de l'esprit comme de l'argent : quand il y en a beaucoup dans la circulation, tout le monde en a, plus ou moins, et en dépense davantage ; mais des lumières plus répandues ne sont pas de nouvelles lumières, pas plus qu'une circulation d'argent plus rapide n'accroît la masse du numéraire.

———————

Dans le monde de l'intelligence, le bon sens
est la propriété foncière, l'esprit n'est que le
mobilier. Cette distinction suit d'assez près
celle de la richesse matérielle ; car le bon sens
est le fruit naturel des privations qu'impose
la culture de la terre, et des soins qu'elle exige ;
l'esprit est le produit du loisir et des jouissances que procure une fortune plus disponible : c'est ce qui fait, sans doute, qu'il y a
tant d'esprit dans les grandes villes, qui ne
sont riches que de propriété mobiliaire.

———————

Les idées *libérales* seront, pour les esprits,
ce que les *assignats* ont été pour les fortunes ;
elles ont réussi aux premiers qui les ont employées, et elles ruineront les derniers possesseurs, qui ne sauront où les placer.

Une révolution qui rendroit les hommes tous réellement souverains, ne les contenteroit pas plus que celle qui les rendroit tous esclaves. Ce sont les inégalités qu'on aime, tout en prêchant l'égalité.

La tendance naturelle de toutes les familles est de passer de l'état privé à l'état public, et en quelque sorte, de son propre service au service de la société. Une famille est libre, elle est *sui juris*, lorsqu'elle n'a besoin que d'elle-même et de sa propre industrie pour accomplir cette tendance, et arriver à ce but. Ainsi jadis, en France, toute famille enrichie par des voies légitimes, pouvoit, sans avoir besoin de personne, pas même du roi en quelque sorte, acheter une charge, qui la faisoit passer au rang des familles dévouées au service public. Elle n'est donc pas en état de liberté politique, toute famille qui ne peut s'élever par

elle-même, et qui est obligée de solliciter
comme une faveur ce qu'elle acquéroit jadis
comme un droit, et par sa seule industrie.

———

Autrefois, en France, le clergé étoit le premier corps de la constitution; et la magistrature, le premier corps de l'administration.
Quelle grande et noble idée d'avoir mis la religion et la justice à la tête de la société !

———

Si la magistrature étoit le premier corps de
l'administration d'un État, et qu'elle vînt à
perdre de sa dignité, l'armée, qui en est le
second, perdroit de sa considération. Ce double effet se remarque dans les États populaires; le corps des souverains écrase tout le
reste.

Un particulier descend d'un rang élevé à un rang inférieur : une famille le peut difficilement ; un corps ne le peut pas du tout.

La dignité d'un gouvernement est sa force morale, la première de toutes les forces dans la société, qui est un être moral. Un gouvernement illégitime supplée, par l'excès de la force physique, à la force morale qui lui manque ; et quand ces efforts violents, et toujours passagers, sont épuisés, s'il veut se calmer et s'établir, il ne sauroit se passer de dignité. Bonaparte lui-même le sentoit, et une fois débarrassé de l'Europe, il auroit mis, s'il l'eût fallu, à donner de la dignité à son gouvernement, la violence qu'il avoit mise à s'en passer. Mais la dignité n'est rien de matériel ; elle n'est point le faste de sa représentation, point l'énormité des recettes ou des dépenses, point le luxe des emplois publics : elle est raison dans les loix, justice dans les actes, sagesse et force dans les conseils, indépendance absolue des opinions et des intérêts. Les gouvernements ont, autant que les particuliers, besoin de l'estime des gens de bien, et ils ne peuvent l'obtenir qu'à ce prix.

———

Il est aussi noble de servir les intérêts du public, qu'il est abject de servir à ses plaisirs. De là vient la différente acception du mot *public* appliqué aux hommes et aux femmes.

———

Noblesse politique, noblesse des procédés, noblesse de manières, noblesse même de style; tout cela se tient plus qu'on ne pense, et la preuve en est dans l'identité des expressions.

———

Quand on voit certains hommes et certains peuples faire, avec grand éclat, de grandes entreprises d'humanité et même de religion, on est toujours tenté d'y prendre une *action*.

Les hommes et les femmes dissimulent à l'envi leur âge, et par le même motif: les hommes veulent paroître plus âgés pour gouverner plus tôt; et les femmes paroître plus jeunes pour gouverner plus long-temps.

La chimie ne peut rien découvrir de *nécessaire*; mais ses découvertes les plus utiles ne compensent pas, pour la société, ce que le hasard de ses décompositions peut lui offrir de dangereux. De nouvelles substances colorantes, ou même quelques remèdes salutaires, peuvent hâter les progrès des arts : des poisons nouveaux ou des gaz inflammables, comme elle en a déjà découverts, peuvent seconder les projets du crime, et il n'y a que trop de moyens de destruction. On doit être moins étonné des préventions anciennes contre les chimistes.

———

Les plus beaux monuments exécutés à Paris par les ordres de Bonaparte sont la rue de Rivoli, la rue de la Paix et la place du Carrousel. Là, il n'a eu qu'à démolir, et il s'est trouvé dans son élément. Cet homme a beaucoup embelli, même beaucoup bâti; mais il n'a pu achever ni un palais, ni une église : image de sa fortune, à qui il a été refusé de rien fonder en politique et en religion.

———

Quand le corps qui applique la loi a au-dessus de lui un corps qui la fait, il y a des juges ou des jugeurs; mais il n'y a plus de magistrature, et la fonction de juge n'est plus dignité.

———

La procédure par jury est l'état nécessaire de la société dans son enfance. Quand il n'y a pas de tribunaux publics, qui pourroit juger les délits contre la commune, que les pères de famille, qui ont déjà la juridiction suprême, même le droit de vie et de mort dans la famille? Mais quand le gouvernement public est formé, la juridiction sur les personnes passe de la famille dans l'État, et c'est même ce passage qui constitue l'état public de société; alors la fonction de juger et le devoir de punir deviennent de droit public, et sont exercés par des personnes publiques. D'ailleurs, dans le premier âge d'un peuple, les crimes sont simples comme les hommes; ils sont presque toujours l'effet de la violence et du premier mouvement: mais dans le dernier âge, où les intérêts sont plus compliqués, les passions plus artificieuses et les esprits plus raffinés, le crime est un art et presque une profession, et la fonction de le découvrir et de le juger doit être une étude.

Qu'un notaire qui vient de griffonner un contrat de mariage, un propriétaire qui vient de mesurer son blé et de soigner ses troupeaux, un homme de plaisir qui sort du spectacle ou d'une partie de jeu, un poëte encore

tout échauffé de la composition de quelques
scènes de comédie, aillent, sans autre prépa-
ration, siéger sur un tribunal pour y condamner à mort ; que cette terrible fonction soit
ainsi mise en circulation générale et pour ainsi
dire en loterie, et arrive comme un accident
tantôt à l'un, tantôt à l'autre ; tout cela, il y
a quelques années, auroit paru absurde et
même sauvage. Ce que c'est que le progrès des
lumières !

———————

Pourquoi a-t-il fallu établir des peines si
sévères contre ceux qui se refusent à remplir
les fonctions de juré? On peut toujours soup-
çonner, chez un peuple avancé, des motifs
puissants à des répugnances générales.

———————

On a prétendu que des juges s'endurcissoient
à la terrible fonction de juger à mort, et qu'ils
finissoient par en faire habitude : c'est une des
plus fortes sottises qu'on ait dites dans un
temps si fécond en sottises.

On lit, dans la constitution de 1791 : « Nul
» ne doit être inquiété pour ses opinions, même
» religieuses »; dans la charte constitutionnelle
donnée en 1814 : « Chacun obtient pour son
» culte la même protection ». Le progrès est
sensible, et dans vingt ans les opinions ont fait
bien du chemin.

Dans tout le cours de la révolution, on a
mis les honnêtes gens au serment, précisément
comme on met les scélérats aux fers; pour les
empêcher d'agir.

Quand les opinions changent dans la société, les serments exigés sont une insuppor-
table tyrannie, parce qu'ils portent toujours
sur des *opinions*, et non sur des *faits*.

Les hommes sans principes de religion et de morale qui demandent des serments à ceux qui ont une conscience, sont ces hypocrites dont parle l'Évangile, qui imposent aux autres des fardeaux qu'eux-mêmes ne touchent pas du bout du doigt.

Le serment de respecter des institutions est légitime; le serment de les maintenir est indiscret : car les bonnes institutions se maintiennent elles-mêmes et sans le secours des hommes, et les mauvaises périssent malgré leur appui.

Comment n'a-t-on pas craint d'affoiblir le frein de la religion dans des sociétés où il y a tant d'intérêts qui reposent sur la foi des serments, et qui ne peuvent être décidés par aucune autre voie?

Autrefois les sujets avoient serment au roi, et le roi à Dieu ; aujourd'hui, peuples et rois se jurent les uns aux autres : c'est une balance de compte où l'on finit par ne se plus rien devoir.

———

Dans les principes de l'ancienne politique, on servoit sous les rois pour gouverner le peuple ; dans les principes de la nouvelle, on sert sous le peuple pour gouverner les rois. On perdra en Europe la juste mesure de l'obéissance en perdant celle du pouvoir.

———

Aujourd'hui, que la famille ne peut plus servir l'État, comme dit Montesquieu, avec le capital de son bien, et que la ruine des particuliers a obligé les gouvernements de *traiter* largement les premiers emplois, il est malheureux qu'on ne puisse pas toujours distinguer, dans l'ambition, le désir louable de servir son pays, de l'amour de l'argent.

On ne risque rien de défendre l'importation
d'une marchandise, parce qu'elle peut être
saisie par les préposés aux douanes, ou avariée
par les précautions que les contrebandiers sont
obligés de prendre pour la soustraire aux recherches : mais il y a un grand danger à défendre l'importation des Nègres , sans être
assuré d'en rendre, je ne dis pas difficile, mais
tout-à-fait impossible le commerce illicite; car
toutes les chances de danger et de perte tour-
neront contre les malheureux esclaves, qu'on
finira, pour les *passer*, par encaquer comme
des harengs. La charité auroit vu ces incon-
vénients; mais la philanthropie n'y regarde
pas de si près.

Le François est extrême en tout, et c'est ce
qui le rend propre à servir à l'Europe, tantôt
de modèle et tantôt d'exemple. Il adore ou il
déteste; les autres langues ont trois termes de
comparaison : le *positif*, le *comparatif* et le *superlatif*; la langue françoise a de plus l'*excessif*:
ce qui est bon est *divin*; ce qui est mauvais,

une horreur. Il n'est fait ni pour les demi-désordres, ni pour les demi-vertus, ni pour les demi-succès, ni pour les demi-revers, ni pour les demi-gouvernements; tel est son caractère, et il faut le connoître pour le gouverner. On soulève un peuple avec des opinions, on ne le gouverne que par son caractère. L'Assemblée constituante l'avoit soulevé avec des opinions contre son caractère; la Convention et Bonaparte l'ont gouverné par son caractère et malgré ses opinions. Les opinions qui l'avoient égaré sont finies, et on a voulu leur substituer des intérêts; mais les opinions sont fortes, parce qu'elles sont franches : les intérêts sont foibles, parce qu'ils sont de l'égoïsme déguisé, et que le François est de tous les peuples le moins égoïste, parce qu'il est le moins intéressé et le plus vain.

———

Les révolutionnaires ont dirigé la révolution avec une grande connoissance du cœur humain : mais ils n'ont connu que ce qu'il y avoit de mauvais; et dans ce genre ils ont fait des découvertes.

———

Ce n'est pas de la haine que les hommes éclairés ressentent pour la révolution : c'est un profond mépris.

———

Il faut dans les temps ordinaires maintenir la tranquillité dans l'État avec le plus de justice et le moins de force qu'il est possible. La justice imprime le respect, la force provoque la résistance.

———

Partout le peuple armé, partout de la police pour prévenir les conspirations, ou des tribunaux extraordinaires qui les punissent ; c'est un état violent où l'Europe ne sauroit rester. La machine crie, et il faut se hâter de mettre de l'huile dans les roues, c'est-à-dire, de la religion dans les cœurs.

———

Autrefois en France la justice étoit chargée de la tranquillité de l'État ; aujourd'hui c'est la police : la police manque du premier moyen de force, de considération. On s'honore de tenir à un corps de magistrature, on n'ose pas se dire agent de la police.

———————

Les signaux sont utiles dans un pays de peu d'étendue, comme le canton de Zug ou de Glaris, où en cas d'invasion l'ennemi peut dans quelques heures occuper tout le territoire, et ils avertissent les habitants de prendre les armes et de mettre à l'écart leurs familles et leurs troupeaux; mais dans un pays tel que la France, ils ne servent réellement à rien pour la défense, et peuvent merveilleusement seconder des projets criminels. Le télégraphe est aujourd'hui pour la France une dépense d'habitude et de vanité. Les mouvements nécessaires à notre conservation contre des dangers inopinés, s'exécutent dans le corps humain, sans délibération de la volonté; il doit en être de même dans un État bien constitué; et peut-être qu'au 20 mars, on a, dans beaucoup de lieux, trop compté sur le télégraphe.

L'ambition et la vengeance font, chez les
peuples barbares, des révolutions de *pouvoir;*
il falloit l'athéisme pour faire, chez un peuple
chrétien, une révolution de propriétés.

On a vu des révolutions dont les auteurs et
les agents avoient pour but de dépouiller les
uns, bien plus que d'enrichir les autres.

Il y a des États en Europe qui, par leurs institutions, sont toujours à la veille ou au lendemain d'une révolution.

Il faut en administration se diriger sur les
intérêts et les passions des hommes pour les
combattre et les contenir; mais en législation,
il faut consulter les principes de la société et
la nature des choses. Je crains que dans les systèmes modernes de gouvernement, on ne fasse

le constraire. On constitue la société sur des intérêts particuliers, mais on a des *principes* d'administration; et c'est ce qui rend les constitutions si vacillantes, et l'administration si dure.

———

Le luxe des particuliers encourage les arts bien plus que les bienfaits du gouvernement. Le particulier paye le talent pour lequel il s'enthousiasme : le gouvernement paye l'ouvrage qu'il a commandé.

———

Quand nous avons fait venir du coton brut des Indes pour le travailler en France, qui, avec la laine, le lin et la soie, auroit pu s'en passer, c'est comme si nous avions importé en même temps quelques millions d'Indiens que cette industrie a fait naître, et qu'il faut nourrir, et nourrir jeunes et vieux, c'est-à-dire, quand ils ne peuvent pas encore et quand ils ne peuvent plus travailler. Montesquieu dit que partout où il y a une place vacante, il se fait un mariage; mais il s'en fait sans cela, et là même où un homme, une femme et leurs enfants ne sont pas sûrs de vivre un an. La population croît en raison géométrique; et toute industrie fait naître beaucoup plus d'hommes qu'elle ne peut en occuper et en nourrir. Il faut donc de nouveaux moyens de les faire vivre, et les gouvernements ne sont occupés qu'à créer de nouvelles industries, ou à combattre celle que le plus grand nombre se fait à lui-même, l'industrie du vol, la plus facile de toutes et qui nourrit son homme sans travail. Quand le gouvernement crée de nouveaux moyens de vivre, il crée de nouvelles raisons de peupler, et cette progression indéfinie a pour *raison* constante une gêne continue, et pour *dernier terme,* une révolution.

Les propriétaires du sol sont les maîtres, et tous les autres, jusqu'à celui qui ne fait rien, sont leurs serviteurs, occupés, pour vivre à leurs dépens, à les servir ou à les voler : quand il y a trop de domestiques pour les besoins des maîtres, la maison se ruine et périt.

On ne calcule que sur les naissances et les morts des individus. La politique tireroit plus de lumières de la comparaison des naissances et des morts des familles.

Dans l'État, tous les corps qui ne sont pas *nécessaires*; dans la famille, tous les hommes qui ne savent pas être utiles, sont dangereux.

La nature donne le génie; la société, l'esprit; les études, le goût.

Les femmes, partout où elles vivent en société, autant que les hommes, n'ont pas moins d'esprit qu'eux; mais elles ont, en général, moins de génie et moins de goût, parce que, chez elles, la nature est plus foible, et qu'elles font moins d'études; et même, chez les femmes qui ont le plus d'esprit, le goût, j'entends le goût littéraire, n'est pas sûr.

———

Il y a un goût pour les choses de génie; il y
en a un pour les choses d'esprit; et il ne faut
pas se servir de la même mesure pour les unes
et pour les autres. On mesure à la toise la hauteur d'un édifice; on estime par le baromètre
l'élévation des Alpes ou des Cordilières.

———

Plus il y a de nature, si l'on peut ainsi parler, plus il y a de génie; plus il y a de société,
plus il y a d'esprit: c'est ce qui fait que les
grands modèles de poésie épique, lyrique,
tragique, ont paru au premier âge des peuples, et que les ouvrages du bel esprit, ceux
de Voltaire, entre autres, le premier de tous,
ont paru dans le dernier: c'est encore pour
cette raison qu'on trouve chez les sauvages,
et les peuples qui appartiennent plus à la
nature brute qu'à la société, qui est la nature
perfectionnée, quelque chose d'original et
d'inattendu, qui tient du génie plutôt que de
l'esprit. La déclamation et l'enflure dans l'élo-

quence et la poésie, le genre colossal dans la sculpture et l'architecture, sont de l'enfance des peuples ou de leur caducité.

Quand les forces morales, celles de la pensée, dominent dans la société, les hommes aiment le grand et le noble dans les arts; quand ce sont les forces physiques, ils veulent le gigantesque; ils font un seul livre de toute une bibliothèque, et un éléphant pour une naïade : l'Encyclopédie a été un monument de la dégénération des esprits; la bête colossale de la fontaine de l'arsenal sera un monument de la dégénération des arts.

On avoit voulu, sans doute, faire une application solennelle des maximes avancées dans une comédie récente, sur l'état de comédien : le public a senti l'inconvenance, et il a sifflé mademoiselle *Corneille*, par respect pour la mémoire de son oncle.

En physique, les systèmes précèdent l'observation des faits, et les théories la suivent. Christophe Colomb, dans son voyage en Amérique, faisoit un *système* sur un nouveau continent, et depuis sa découverte on a fait des *théories* de la terre.

Tout système est un voyage au pays de la vérité; tous les voyageurs s'égarent, mais tous découvrent quelque nouveau point de vue, et laissent des jalons sur la route.

Une théorie, en physique, est un système de faits; une théorie, en science morale, est un système de raisons.

Je ne crois pas plus à la république des lettres qu'à toute autre république : le monde littéraire est divisé, comme le monde politi-

que, en États particuliers qui ont chacun leurs
fondateurs, leurs législateurs, leur succession
légitime de monarques, et qui ont aussi leurs
révolutions et leurs usurpateurs. Homère, Vir-
gile, le Tasse, Milton ont fondé ou gouverné
le royaume de l'épopée avec une gloire à peu
près égale, et forment la succession légitime
de ses monarques. Lucain, Stace, Silius Itali-
cus, et mille autres anciens ou modernes ont
interrompu cette ligne de succession, et établi
la dynastie du bel esprit sur le trône du génie.
Dans l'État tragique, Sophocle, Euripide, Corneille, Racine sont regardés comme des législateurs et des souverains légitimes; après eux,
il y a eu des factions, et même une révolution.
L'ingénieux Sénèque, le brillant Voltaire, le
sombre Crébillon ont affoibli l'art en voulant
en exagérer les effets, et mille usurpateurs,
plus ou moins heureux, ont essayé de la couronne tragique.

La comédie, la poésie lyrique, érotique, élé-
giaque, pastorale, ont eu également leurs époques de gloire et de prospérité, et leur temps
de foiblesse et de décadence, et leurs hommes

de génie et leurs beaux esprits, vrais tyrans de
la littérature.

———

On peut remarquer que les troubles dans les
États littéraires, et les factions dans les États
politiques, se sont rencontrés aux mêmes époques, et qu'en général les révolutions qui ont
fait passer les États politiques des désordres de
la démocratie à la dignité du gouvernement
monarchique, ont été partout favorables aux
lettres; et c'est déjà une preuve de l'excellence
de la monarchie.

———

Un peuple qui dans les beaux jours de la
monarchie s'est élevé à la perfection de l'art
littéraire, ne peut que bien difficilement tomber dans le gouvernement populaire; sa littérature, toute monarchique, fait partie de ses
mœurs, et forme la plus puissante des habitudes de son esprit.

On peut avec justice faire à Voltaire le reproche d'avoir rendu notre littérature bouffonne, de grave qu'elle étoit, même dans le genre plaisant.

Robinson Crusoé et *Don Quichotte*, deux chefs-d'œuvre dans deux genres opposés, le genre naïf et familier, et le genre noble, quoique le fond en soit burlesque, sont deux ouvrages nationaux; le premier ne pouvoit atteindre le haut degré d'intérêt et de naturel qui en rend la lecture si attachante, que chez un peuple de marins et de voyageurs exposés aux mêmes traverses que le héros de ce roman (1).

Don Quichotte a toute la galanterie, l'humeur chevaleresque, le courage et la gravité de sa nation, sensé, même spirituel dans tout

_____

(1) On donne tous les ans, en Angleterre, plusieurs éditions de *Robinson*.

ce qui ne tient pas à sa folie. Je ne sais pas
même si cet ouvrage n'a pas eu trop de succès,
et si le ridicule qu'il jette sur l'excès des sentiments généreux et élevés ne s'est pas étendu
sur les sentiments eux-mêmes. Tout homme
qui a voulu défendre d'autres intérêts que ses
intérêts personnels, a été traité de Don Quichotte; et à la place du noble enthousiasme
des sentiments, il n'y a plus eu que le sombre
et triste fanatisme des opinions. On peut remarquer à l'honneur du siècle qui a produit
ces deux romans, qu'ils sont l'un et l'autre religieux.

On ne doit pas s'étonner de la prédilection
de J.-J. Rousseau pour Robinson Crusoé. Ce
philosophe, qui ne croyoit pas l'homme fait
pour la société, devoit se plaire aux aventures
d'un homme qui passe trente ans dans une île
déserte; et sans doute ce roman avoit moins
d'intérêt pour Jean-Jacques lorsque le hasard
donne un compagnon à Robinson.

On ne connoît pas d'ouvrage national chez les Allemands, à moins que ce ne soit leur *Werther*, vague, rêveur, mélancolique, dont la passion est dans la tête plutôt que dans le cœur, ne voulant ni réussir dans ses amours ni s'en guérir, et nourrissant son malheur tout exprès pour se tuer.

L'Arioste, ingénieux, bouffon, ami du merveilleux jusqu'à l'extravagance, sans ordre et sans plan, est encore un ouvrage national pour les Italiens; car le Tasse appartient à toutes les nations *croisées*.

Les François n'ont point proprement d'ouvrage national, parce qu'ils ont une littérature toute nationale. Quand une littérature tout entière est l'expression de la société, un ouvrage particulier ne peut être l'expression d'un peuple. On peut seulement remarquer que les deux ouvrages qui ont eu en France le plus de succès dans un temps, le plus de vogue dans un autre, sont le *Télémaque* et le poëme de Voltaire; deux ouvrages du même genre, tous deux d'imagination, et qui racontent les aventures nobles ou burlesques d'un personnage. Sur cela seul on peut juger les deux époques. Notre poëte le plus national est La Fontaine, parce qu'il parle une langue que nous seuls entendons, la langue naïve, la langue innée, si je peux le dire, et que les étrangers ne peuvent savoir que la langue apprise; et ils conviennent eux-mêmes qu'ils n'entendent pas notre inimitable fabuliste.

La tragédie, la haute comédie ne sont un plaisir pour l'esprit que dans le cabinet. Le théâtre ôte l'illusion : les héros y sont trop petits, et les princesses trop faciles.

La tragédie intéresse l'esprit des enfants plus que la comédie. Dans la comédie, l'enfant retrouve sa famille; dans la tragédie, il voit autre chose qu'il ne peut pas bien démêler, mais qui entre plus naturellement dans son esprit et dans son cœur. Grande leçon pour ceux qui élèvent les enfants et pour ceux qui gouvernent les hommes !

———

La comédie corrige les manières, et le théâtre corrompt les mœurs.

———

Rien de plus commun aujourd'hui que de voir un premier volume d'un ouvrage qui n'en aura pas de second, le premier chant d'un poëme qui n'en aura pas d'autre, la *préface* même d'un livre qui ne verra jamais le jour. Cette littérature ressemble un peu à certains quartiers de Paris où les constructions ne sont que des façades.

———

L'auteur des *Lettres persanes* a souvent écrit dans *l'Esprit des Loix* comme celui de *la Nouvelle Héloïse* dans le *Contrat Social*. *L'Esprit des Loix* manque de gravité, et sa profondeur n'est souvent que de la concision. Le *Contrat Social* creuse plus avant, mais dans

1.   16

le vide. Montesquieu avoit plus d'esprit, Rousseau plus de talent politique ; mais l'un a mieux employé son esprit que l'autre son talent. Rousseau a pu détruire, Montesquieu ne pouvoit pas bâtir. Supérieur à tous pour les distributions et les détails, il n'a pas su établir les fondements ; il a manqué la famille. « Le » divorce, dit-il, a ordinairement une grande » utilité politique ». Maxime destructive de toute constitution monarchique.

———

Il y a des hommes qui ne sont pas sans esprit et qui affectent une simplicité, une bonhomie, une sensibilité qui les rend tout-à-fait ridicules. Ce sont eux qui, sur le théâtre du monde, *jouent les ingénuités*.

———

Voltaire a mis à la mode dans le monde la hauteur du bel esprit, et a fait tomber celle de la naissance ; mais jamais grand seigneur n'avoit traité ses inférieurs comme Voltaire a traité les siens. La hauteur aujourd'hui ne siéroit pas mal

à la vertu ; elle est du moins un fait comme la
naissance : l'esprit n'est jamais qu'une préten-
tion ; il a aussi ses *parvenus*, et ce sont, comme
ceux de la noblesse, les plus insolents.

———

Quelques peuples ont d'étranges romans,
faits même par des auteurs estimés ; des histoires de brigands, de voleurs, de prostituées.
Il est, ce me semble, indigne d'un peuple civilisé de reproduire de pareils tableaux, dont
les originaux appartiennent à la justice, et non
à la littérature. Ces hideux récits et la fantas-
magorie de quelques romans modernes bien
extravagants sont de l'enfance d'un peuple, et
les enfants aussi aiment passionnément les histoires de voleurs et de revenants.

———

On donne à l'Académie, pour sujet de prix,
l'éloge de tous nos grands hommes dans tous
les genres. Toute la littérature, et même la plus
jeune, est appelée à juger des hommes d'état,

des généraux d'armée, nos plus grands prélats, nos premiers magistrats, etc. etc. ; ne devroit-on pas aux morts, comme aux vivants, de les faire juger par leurs pairs ?

———————

L'écrivain qui devance son siècle en est méconnu ; celui qui ne fait que le suivre jouit de son vivant de toute sa renommée : le temps les remet à leur place, il assure le succès de l'un et arrête la vogue de l'autre, et son action sur les ouvrages d'esprit n'a pas plus de bornes quand il ruine une réputation que quand il l'étend et l'affermit. Tous les jours il jette plus d'éclat sur le siècle de Louis XIV, et fait pâlir davantage les écrivains du siècle suivant.

———————

Deux peuples qui ne parlent pas la même langue sont rarement d'accord sur un ouvrage d'imagination ; et même lorsqu'il est écrit dans une langue commune, comme le grec ou le latin, ils n'y voient peut-être ni les mêmes défauts, ni les mêmes beautés.

C'est avec raison qu'on dit le *fil du discours*. Le travail de l'esprit dans la composition ressemble un peu à celui d'une femme qui dévide un peloton. Quand un bon esprit tient la pensée première d'un ouvrage ou d'un système, les autres suivent avec facilité : si le bout lui échappe, le fil se rompt à tout moment, les idées s'embrouillent, et il perd beaucoup de temps à les démêler.

Les dictionnaires ne fixent point les langues, ils constatent le dernier état d'une langue morte, ils enregistrent les changements d'une langue vivante, et en cela ils favorisent la mobilité des langues plutôt qu'ils ne l'empêchent.

L'État est un tout composé de familles : une famille est admise dans l'État, elle partage dans le sol commun ; son acquisition et sa possession sont garanties et protégées par les loix et la force de l'État ; elle a donc contracté l'engagement de servir l'État, et de contribuer à la défense commune. Si le chef de cette petite so-

ciété manque à cet engagement, s'il emploie
les forces et la fortune de sa famille à troubler
l'État, il mérite de perdre la place qu'il y occupe; l'État confisque ses biens par la même
raison qu'un souverain dépouille légitimement
d'une partie de ses États le prince qui lui a sus-
cité une guerre injuste; par la même raison
que la justice accorde au particulier lésé des
dommages et intérêts sur la fortune de l'agres-
seur; l'État, dans ce cas, retire à une famille
tombée en félonie la place qu'elle occupoit
dans le territoire de la société, comme il
retire à un ministre déloyal la place qu'il occupe dans l'administration; les autres membres de la famille ne sont pas, si l'on veut, coupables des fautes de leur chef, pas plus que les
peuples de l'injuste agression de leur souverain; mais le père représente la famille tout
entière, comme le roi représente son peuple
tout entier; et si la récompense que reçoit le
père rejaillit sur toute la famille, il est juste
qu'elle soit aussi punie de ses fautes. La con-
fiscation est nécessaire, elle est légitime, elle
est pratiquée chez tous les peuples, et on ne

pourroit en justifier l'abolition que par des
motifs de circonstance.

Une famille dont un membre a encouru,
par un jugement, une peine afflictive ou in-
famante, devroit être forcée de s'établir ailleurs. Là où elle est connue, elle est objet de re-
proches, souvent d'insultes, et, par conséquent,
sujet d'inimitiés et de haines; et cet état continuellement hostile la déprave et corrompt
les mœurs publiques.

Il est difficile d'écrire l'histoire d'une nation
dans laquelle un grand nombre de familles
vivantes sont intéressées à cacher la leur.

Tacite rapporte que quelques légions ro-
maines, campées sur les bords du Rhin, s'étant
soulevées, leur commandant, après avoir fait
de vains efforts et employé inutilement tous
les moyens de persuasion et de rigueur pour
les ramener à l'obéissance, défendit tout acte

d'autorité et même de discipline militaire dans
le camp : on n'y entendoit plus la trompette
ni la voix des officiers; on n'y sonnoit plus
les heures des repas, des exercices, de la retraite. Le soldat, étonné d'un silence auquel
il n'étoit pas accoutumé, sentit la nécessité du
commandement, et rentra de lui-même dans
l'ordre. Si, dans une ville révoltée, toute autorité exercée au nom du roi, toute profession
civile ou militaire ayant serment à justice,
venoit à cesser et se retirer, je ne doute pas
que cette sorte d'excommunication civile, qui
suspendroit toutes les affaires de la vie et tous
les actes légaux de la société, même domestique,
n'opérât, sans effusion de sang, un prompt
retour à l'obéissance.

Autrefois, les jeunes gens de toutes les
classes aisées étoient élevés dans les mêmes
colléges, et faisoient les mêmes études, ces
études littéraires *humaniores litteræ*, qui font
des citoyens, et disposent les esprits aux études
spéciales nécessaires à chaque profession. Il

résultoit de cette communauté d'éducation
une uniformité de principes qui adoucissoit ou
faisoit disparoître dans le commerce du monde
la teinte particulière et souvent trop mar-
quée de chaque profession; et, dans les petites
villes surtout, le militaire, le magistrat, l'ecclésiastique, le négociant éclairé, le simple propriétaire, élevés ensemble, n'étoient plus que
les habitants d'un même lieu; une plus grande
égalité, et même les amitiés du collége se retrou-
voient dans la société. Le système des écoles
spéciales, qui semble prévaloir pour les enfants, en les destinant de trop bonne heure à
une profession particulière, les isole et les
éloigne de la profession générale et commune,
celle de citoyen; j'en excepte les prêtres, qui
sont en quelque sorte hors du monde, puisqu'ils renoncent au mariage. Au fond, l'école
spéciale du militaire est son régiment, comme
celle du magistrat est le barreau, et celle du
négociant le comptoir; et à vingt ans tout jeune
homme qui a fait ses classes est susceptible et
de toutes les connoissances et de toutes les
directions qu'on veut lui donner.

L'enfant hors de sa famille ne reconnoît de maîtres que ceux qu'il peut appeler *mon père* ou *mon général*, parce qu'après le pouvoir domestique, il n'y en a pas d'autres sur les hommes que le pouvoir religieux ou le pouvoir politique. Si l'enfant appelle son supérieur *monsieur*, comme il en est appelé lui-même, il y a égalité entre eux; et dès lors l'autorité et l'obéissance ne sont plus que de convention et de courtoisie.

La politique ne sait pas assez combien il y a de force dans tout ce qui est religieux, et de foiblesse dans ce qui n'est qu'humain.

La religion est à la lettre l'âme de la société, et la politique en est le corps. Nous sommes matérialistes en politique comme en philosophie, et nous voulons des corps sans âme.

Nous voyons l'homme et la société à travers nos goûts, nos passions, nos désirs, notre po-

sition, notre âge, même notre santé; et il y a
bien peu d'esprits assez fermes pour se faire
une opinion indépendante de toutes ces choses.

———

L'honneur, l'intérêt, le respect humain,
la crainte même sont des motifs d'être honnête homme; mais on ne trouve que dans la
religion *la raison suffisante* de l'être toujours,
et envers le public comme envers le particulier; et de l'être même à son préjudice.

———

Depuis que la politique a préféré l'appui de
la philosophie à celui de la religion, elle a cru
devenir plus humaine, et n'est devenue que
plus timide, et cela devoit être. La philosophie
cherche ce que la religion a décidé; la religion
a la foi, l'espérance et la charité: la philosophie
ne sait rien, n'espère rien et n'aime rien.

———

Il ne faut pas moins que l'exemple de la
piété du cloître pour inspirer à des enfants
réunis dans une maison d'éducation la reli-

gion même du grand monde. C'est ainsi que dans les arts d'agrément, même les plus frivoles, on leur fait prendre des attitudes forcées, pour leur en donner de naturelles.

Il faut croire au bien pour le pouvoir faire.

On nie la vérité, mais on ne croit pas l'erreur.

Tout gouvernement qui croiroit qu'il n'y a plus de religion dans le cœur des peuples, parce qu'il n'y en verroit point le goût et les pratiques, et qu'on y remarqueroit, au contraire, de grands désordres, ressembleroit tout-à-fait à un propriétaire qui abandonneroit comme stérile une terre qui seroit couverte de ronces et d'épines qu'il n'auroit pas arrachées, et où il chercheroit du blé qu'il n'auroit pas semé. Le mauvais est inné; le bon est acquis.

Si vous voulez prouver l'existence de Dieu
et l'immortalité de l'âme, « à quoi bon, vous
» dit-on, prouver des vérités évidentes, et dont
» au fond personne ne doute »? Mais si vous
voulez tirer de ces vérités quelques conséquences pour la conduite de la vie et le règle-
ment de la société, on vous arrête, et l'on vous
demande de prouver Dieu et l'âme.

Un déiste est un homme qui, dans sa courte
existence, n'a pas eu le temps de devenir
athée.

On a sans doute de bonnes raisons pour ne
pas croire en Dieu; mais il en faut de meilleures
pour le dire.

S'il y a des croyances religieuses où il soit
indifférent de naître ou plus commode de
vivre, il en est d'autres où il est plus sûr de
mourir.

On peut, en croyances religieuses, persua-
der à des ignorants toutes les erreurs, et prouver à un homme instruit toutes les vérités.

L'erreur des religions déistes est de soutenir
que Dieu agit sur la généralité des hommes
par des moyens qui n'ont rien d'humain, et
de mettre des inspirations à la place des paroles. Cependant, comment supposer que Dieu
ait fait de la parole écrite ou orale le moyen
universel de toute relation entre les hommes
réunis en société, qu'il ait adapté à ce moyen
leurs organes et leur intelligence, et qu'au
lieu de ces moyens extérieurs, positifs, faciles
à vérifier, il emploie des moyens intérieurs,
mystérieux, sujets à illusion et à doute, comme
si l'inspiration étoit plus merveilleuse, plus
divine en quelque sorte que la parole et l'écriture ?

La société fait l'éducation de la raison; la nature toute seule, j'entends la nature physique, fait l'éducation de l'imagination. C'est une idée bien fausse et bien abjecte que celle de nos philosophes, qui ont fait des animaux, des fleurs, des plantes, des pierres, des papillons, les premiers précepteurs de l'homme, et ont voulu entretenir l'enfant d'histoire naturelle avant de lui parler de religion.

La fausse philosophie inspire la haine de la vie, et la fureur de se l'ôter quand elle n'est pas heureuse; la religion inspire le mépris de la vie heureuse ou malheureuse, et le courage de la supporter telle qu'elle est.

La philosophie veut embellir la vie, et la religion la remplir.

———

Ceux qui prétendent que le hasard gouverne le monde, et qui n'y voyent que des désordres, tombent en contradiction avec eux-mêmes; car la constance et la généralité du désordre sont aussi un ordre, mais *négatif*, et prouveroient seulement une intelligence malfaisante; et les écoles anciennes qui ont admis deux principes, l'un bon et l'autre mauvais, sont moins absurdes que celles qui n'en reconnoissent aucun.

———

La vérité, quoique oubliée des hommes, n'est jamais nouvelle; elle est du commencement, *ab initio*. L'erreur est toujours une nouveauté dans le monde; elle est sans ancêtres et sans postérité; mais par cela même elle flatte l'orgueil, et chacun de ceux qui la propagent, s'en croit le père.

Un homme peut être plus ou moins vertueux, et il peut pousser la vertu jusqu'à l'héroïsme ; une chose ne peut pas être plus ou moins vraie. Aussi les esprits qui, dans certaines discussions, prennent par goût et, à ce qu'ils croient, par modération de caractère, les opinions moyennes, sont assez naturellement des esprits moyens ou médiocres.

La connoissance des vérités morales doit se trouver dans le peuple, et celle des physiques chez les savants ; et la physique du peuple n'est pas plus absurde que la morale de quelques savants.

Comment un écrivain qui, sur la foi de sa propre raison ou de la raison de quelques hommes comme lui, emploie ses talents et sa vie entière à ruiner les doctrines morales qu'il trouve établies de temps immémorial dans les sociétés les plus éclairées, défendues par tant d'écrivains recommandables, et pratiquées par tant de gens de bien, ne fait-il jamais cette terrible réflexion? *Si je m'étois trompé!*

On est convenu d'appeler homme d'esprit tout homme qui soutient une thèse avec facilité, avec art; mais s'il ne défend que des erreurs, il ne peut, même à force d'esprit, être regardé comme un homme de génie.

Les hommes éclairés, sous Louis XIV, étoient religieux et d'une extrême politesse; ils se gênoient avec Dieu et avec les hommes.

L'irréligion, sous Louis XIV, étoit de mauvais goût et de mauvais ton; le poète impie de ce siècle étoit le plat chansonnier Linnières. Le crime de quelques écrivains de nos jours est d'avoir ôté à l'impiété son ridicule, et de l'avoir mise à la mode dans la bonne compagnie.

L'esprit employé à corrompre n'est autre chose que la force employée à détruire.

Il est difficile au père de famille de ne pas regarder comme un ennemi personnel l'auteur d'un mauvais livre qui portera la corruption dans le cœur de ses enfants.

Les philosophes ne nous diront-ils jamais ce qu'ils veulent mettre à la place de la religion, ni comment ils combleront le vide immense qu'elle laisseroit dans les pensées, les sentiments et les habitudes des peuples? Est-ce avec la raison de l'homme? Ce n'est pas assez. Est-ce avec la force des gouvernements? C'est trop.

Depuis qu'il y a en Europe tant de soldats et tant de beaux esprits, il n'y a que la religion des peuples qui puisse défendre le pouvoir contre l'ambition effrénée des uns et l'orgueil démesuré des autres.

La plupart des hommes ne peuvent avoir de morale et même de raison que ce que la religion peut leur en donner; mais cela suffit pour eux et pour les autres.

La religion ne nous fait pas bons, mais elle nous empêche de devenir trop mauvais; elle n'étouffe pas les penchants vicieux, mais elle prévient l'endurcissement et le désespoir. On voit assez les crimes qu'elle n'empêche pas; mais qui pourroit connoître ceux qu'elle prévient?

On remarque les vertus chez les peuples vicieux, et les vices chez les peuples vertueux; de là des éloges si exagérés des vertus des payens, et une censure si amère des vices des chrétiens.

Si la monarchie correspond au catholicisme et la démocratie au presbytéranisme, un gouvernement mixte doit conduire naturellement à une religion mixte, c'est-à-dire à l'indifférence religieuse.

La religion chrétienne est la première et la seule qui ait pris soin de toutes les foiblesses de l'humanité, de la foiblesse de l'esprit, du sexe, de l'âge, de la condition; cela seul a changé le monde, et c'est le sens politique de cette parole des livres saints : *Emitte spiritum tuum, et renovabis faciem terræ.*

———

Toutes les maladies violentes du corps humain portent sur la partie foible du tempérament, et toutes les révolutions des États
sur la partie foible de la société, les femmes,
les enfants, les vieillards, le peuple.

———

Celui qui n'auroit pas à combattre contre
ses penchants seroit innocent plutôt que vertueux.

———

Pourroit-on calculer combien il auroit fallu
à la politique de temps, d'efforts et de dépenses
pour faire, dans le monde, une petite partie de
ce que la religion a fait avec des promesses et
des menaces?

———

Les ministres de la religion n'ont, du moins
en corps et comme ecclésiastiques, aucun droit
à l'administration temporelle des États; mais
la religion a une influence décisive sur leur

fortune ; et tôt ou tard *tout ce qui heurte contre cette pierre sera brisé.* L'influence nécessaire de la religion sur la politique a quelquefois été confondue avec l'autorité prétendue autrefois par le clergé sur le temporel des rois : de là des entreprises de la part des chefs ecclésiastiques sur l'autorité des rois, et des révoltes de la part des chefs temporels contre l'autorité de la religion.

———————

A la suprématie contestée des papes sur le temporel des rois, a succédé la suprême juridiction des peuples sur leurs personnes. Le pape déposoit les souverains, les peuples les égorgent.

———————

Les hommes qui ont voulu faire revivre les temps de la primitive Église, ont toujours ramené les sociétés politiques à leur enfance.

———————

Tandis que des hommes extrêmement prévenus en faveur de leur propre raison, regar-

dent certaines idées religieuses ou politiques,
d'invention humaine, comme des vérités dé-
montrées et désormais hors de dispute ; d'autres, qui n'ont pas moins d'esprit, et qui se
croient autant de droiture dans le cœur, de
rectitude dans le jugement, et peut-être moins
de préjugés et de passions, regardent ces mêmes
idées comme des erreurs, et qui pis est comme
des sottises. Qui est-ce qui prononcera entre
eux, et comment la société pourra-t-elle subsister, s'il n'y a pas une autorité supérieure à
toute autorité humaine ?

———————

« Je suis, dit Fénelon, aussi docile à l'auto-
» rité de l'Église qu'indocile à toute autorité
» des philosophes ». Ce mot est d'un esprit
élevé et d'un véritable philosophe. Nos beaux
esprits pourroient retourner cette maxime ; et
jamais on ne vit plus d'audace à rejeter les
croyances publiques, et un plus honteux asservissement aux opinions particulières.

Les hommes qui, dans leurs opinions, errent sur la *grâce*, manquent de *grâce* dans leurs écrits et même dans leurs manières. Leur religion est désespérante, leur morale triste et dure, leur esprit sans agrément, et leur vertu même sans onction.

Une religion sévère est celle qui punit et qui pardonne ; une religion dure est celle qui ne peut donner au coupable aucune certitude extérieure qu'il est pardonné. Comment celui qui a recours à la clémence du roi prouveroit-il son pardon aux autres et à lui-même, s'il ne faisoit sceller ses lettres d'abolition ?

Entre autres choses qui distinguent les disciples des diverses communions chrétiennes, les uns croient leur doctrine parfaite, les autres se croient parfaits.

Dans telle religion, l'homme est souvent
meilleur que ses principes; dans telle autre, il
n'est jamais aussi bon : de là de nombreuses
inconséquences, qui trompent les yeux peu
attentifs.

Les dogmes de la religion ont rapport à Dieu,
ses préceptes au prochain, ses conseils à nous-
mêmes.

Les différents partis religieux, en France,
avoient oublié leurs torts réciproques; Voltaire les a tous rappelés, et plus encore ceux
d'un parti que ceux de l'autre. La publication
de la Henriade et de ses notes ralluma les haines
prêtes à s'éteindre; et l'on a remarqué que les
retours à l'ancienne croyance, encore fréquents
jusqu'au milieu du dernier siècle, sont devenus beaucoup plus rares depuis cette époque.
On ne sait pas assez le mal, même politique,
que cet écrivain a fait avec ses éternelles déclamations sur quelques événements malheureusement célèbres.

Tant que l'on fait de la croyance religieuse l'affaire la plus sérieuse de la vie, les changements de religion sont fréquents, parce que les doutes naissent de la foi, et jamais de l'indifférence. Les philosophes du dernier siècle, n'ont jamais prêché la tolérance que pour conduire à l'indifférence; ils ont empêché la réunion déjà très-avancée, et je crois qu'en cela ils n'ont été que d'aveugles instruments d'une habile politique.

Tout, dans la réforme du quinzième siècle, étoit pour le peuple; la liturgie en langue vulgaire plaisoit aux ignorants qui n'entendoient pas le latin, et qui ne prévoyoient pas que la doctrine changeroit avec une langue vivante. Les salaires remplaçant les propriétés de la religion, un culte sans pompe et sans éclat paroissoit une chose tout-à-fait naturelle à des hommes sans fortune qui vivoient du travail de leurs mains, et qui n'avoient aucune idée d'élégance et de dignité. Le ministère ecclésiastique et l'intendance de l'Église abandonnés aux laïques, séduisoient tous les marguilliers de paroisse, et l'abolition de toutes les pratiques austères convenoit à des hommes étrangers à toutes les gênes que le commerce du monde impose aux gens bien élevés, et qui se mettoient à l'aise avec Dieu comme avec les hommes. Le peuple des voluptueux y trouvoit le divorce, le peuple des intéressés, les biens de l'Église et plus de facilité pour le prêt à usure, et le peuple des beaux esprits, plus peuple que tous les autres, des disputes métaphysiques et théologiques, et le plaisir de dire en grec et en latin des injures aux rois et aux papes.

———

Aux hypocrites de religion ont succédé les hypocrites de politique; les uns voiloient des foiblesses du manteau de la dévotion, les autres justifient des forfaits avec de la politique.

L'amour de Dieu dans quelques sectes chrétiennes, est un amour platonique qui ne sauroit produire; il est exalté dans les expressions, mais il est vide. Cette sorte de dévotion contemplative, qui s'exhale en aspirations mystiques et en sentiments alambiqués, est commune en Allemagne, et y fait le fond de la *religiosité*.

Comme la religion parle beaucoup au cœur, elle l'ouvre aux sentiments tendres, et c'est aussi de ce côté qu'elle a renforcé la sévérité de sa morale. En Angleterre, les orgueilleux et implacables puritains reprochoient aux *cavaliers* la facilité, ou, si l'on veut, la foiblesse de leurs mœurs. « Il est vrai, leur répondoient » ceux-ci, nous avons les foiblesses des hommes, » mais vous, vous avez les vices des démons ».

On reproche à quelques hommes, ou à certains peuples, comme une inconséquence ou une hypocrisie de montrer un extrême atta-

chement aux pratiques extérieures de religion,
tout en se livrant à des désordres qu'elle condamne : rien n'est plus injuste. L'infraction
aux préceptes divins est une foiblesse du cœur
entraîné par des passions violentes ; mais la
désobéissance dans les choses indifférentes en
elles-mêmes est un mépris de l'autorité qui
en commande le sacrifice, et l'habitude du
mépris de l'autorité peut être plus coupable
que des transgressions passagères, qui du
moins ont une excuse dans la force de nos
penchants. Les hommes ne jugent pas autrement dans la conduite de la vie. On pardonne
plutôt à un enfant de se marier contre le gré
de ses parents, que de leur refuser habituellement tout témoignage extérieur de respect et
d'attachement ; et quoiqu'on doive plus à sa
femme qu'à son ami, l'ami perfide est jugé
plus sévèrement que l'époux infidèle.

Un honnête homme peut, par foiblesse,
manquer à la fidélité qu'il doit à sa femme,
mais il ne permettroit à personne de l'insul-

ter ; et, revenu des erreurs de la jeunesse, il trouve en elle sa meilleure et sa plus fidèle amie. C'est ainsi qu'autrefois les mêmes hommes qui n'observoient pas toujours les préceptes de la religion, en respectoient la vérité, et tôt ou tard en recherchoient les consolations, et en reprenoient le joug.

———

Les fautes des ministres de la religion ne scandalisent jamais que les peuples qui n'ont plus ni foi ni mœurs. C'est une admirable doctrine que celle qui vous dit : « Ne regardez pas ce » que fait l'homme, mais écoutez ce que vous » dit le ministre ».

———

Dans les premiers temps de l'Église, ses ministres avoient la propriété de l'usufruit qu'on leur donnoit pour subsister ; dans les derniers temps, ils avoient l'usufruit de la propriété qu'on leur avoit assignée pour leur entretien. Ce progrès est naturel à la société, qui passe de l'état précaire à l'état stable, et c'est par la

même raison que nos ancêtres vivoient sous
des tentes, et que nous habitons des maisons.

———

Dans une société de propriétaires, il n'y a
de considération publique et politique que
pour la propriété. C'est une loi générale dont
la religion elle-même n'est pas dispensée; et
tant qu'elle ne sera pas propriétaire, elle n'aura
ni dignité ni influence. Ceux qui ne la veulent pas propriétaire ne savent ce qu'ils veulent, ou ne la veulent pas.

———

Les religieux ont défriché la société; ils lui
ont donné la littérature et l'agriculture, puisqu'ils lui ont conservé les richesses littéraires
de l'antiquité, et qu'ils étoient les seuls grands
propriétaires résidant habituellement sur leurs
terres, et occupés de la culture de leurs
vastes possessions. Les grandes contructions
qu'ils faisoient faire et qu'ils dirigeoient, en-
tretenoient le goût et la pratique du premier
des arts utiles, de l'art de bâtir.

On connoît des hommes qui seroient moins
alarmés d'une invasion de Tartares que de la
résurrection d'un ordre religieux. Ce sont, en
vérité, des cerveaux bien étroits; mais ils
suppléent à la foiblesse de leur esprit par
l'opiniâtreté de leur haine et l'activité de
leurs intrigues.

———

Les institutions les plus charitables ont été
établies par des hommes austères, et détruites
par des philanthropes.

———

En France, on a substitué *moralité* à *morale;*
en Allemagne, *religiosité* à *religion;* partout,
honnêteté à *vertu.* C'est à peu près la même
chose que le *crédit*, substitué à la propriété.

———

L'homme qui n'a point de religion, vit pro-
tégé par la religion des autres, comme le pas-

sager, sans aider à la manœuvre, est en sûreté
sur le vaisseau qui le porte. Mais le passager
qui voudroit troubler la manœuvre seroit mis
à fond de cale comme un insensé.

———

Le bien est facile à faire; il n'est difficile
que de le vouloir et de fixer un moment la
volonté mobile et changeante de l'homme,
pour la mettre d'accord avec l'éternelle et im-
muable volonté de Dieu.

———

L'hypocrisie n'est pas le soin de cacher ses
vices et de laisser voir ses vertus, puisque
nous devons l'un et l'autre à l'édification de
notre prochain; mais l'art de dissimuler ses
vices et d'étaler ses vertus par des motifs personnels et par des vues d'intérêt ou d'ambition. Les fautes de la fragilité humaine ne sont
pas de l'hypocrisie, même dans les gens de
bien, mais de l'inconséquence, et l'on n'est
pas obligé d'être scandaleux pour être conséquent.

On n'aime que soi, et on ne devroit craindre que soi. C'est ce que la religion veut nous apprendre lorsqu'elle nous recommande de nous haïr nous-mêmes : elle sait bien que nous ne prendrons pas l'avis à la lettre.

———

L'homme n'est riche que de la modération de ses désirs. Ainsi, dans une pente rapide, il ne faut de force que pour se retenir.

———

La religion exerce l'homme au malheur par les sacrifices ; c'est la plus utile leçon qu'elle puisse lui donner. Ainsi, dans les camps de paix, le soldat se forme aux fatigues de la guerre.

———

Si un imposteur avoit fondé le christianisme, il se seroit bien gardé de le rattacher à un culte aussi ignoré de l'univers policé, que le culte judaïque, et de chercher ses premiers prosélytes chez un peuple aussi méprisé que le peuple juif. Il n'en avoit pas besoin; et avec l'habileté et la supériorité d'esprit que la philosophie elle-même ne peut refuser au fondateur du christianisme, il auroit pu aisément lui trouver une autre origine.

Les esprits vraiment philosophiques sont bien moins frappés de la diversité des croyances religieuses que de leur conformité sur les points fondamentaux de la religion et de la morale.

La religion renferme quelque chose de mystérieux et de relevé dans ses dogmes, de sévère dans ses préceptes, d'austère dans ses conseils, de magnifique dans ses promesses, de terrible dans ses menaces, qui est singulièrement propre à former des habitudes graves, des sentiments élevés et de forts caractères.

Des gens d'esprit peuvent haïr la religion ;
mais il n'y a que des sots qui sérieusement
redoutent son influence.

Les humbles pratiques de la religion sont
les petits soins de l'amour ou de l'amitié qui
font la douceur de la vie et le bonheur des
âmes sensibles.

La religion tient trop de place dans les pensées et les devoirs des hommes, et dans les
besoins de la société, pour n'inspirer que des
sentiments médiocres. L'attachement pour elle
va jusqu'à l'amour le plus ardent, et l'indifférence jusqu'à la haine la plus déclarée.

La religion est si naturelle à l'homme, que
tous les efforts d'un gouvernement qui voudroit la détruire, n'aboutiroient qu'à la faire
renaître sous les formes de la superstition, et

les peuples deviendroient crédules en cessant d'être croyans.

Les premiers disciples du christianisme ont vu le prodige de son établissement ; nous voyons le prodige plus étonnant peut-être de sa conservation.

L'Évangile ne met que l'amour de l'argent en opposition avec l'amour de Dieu : *Nemo potest duobus dominis servire, Deo et mammonæ.* Il dit aussi que les *enfants du siècle* entendent mieux les affaires du négoce que les *enfants de lumière* ; la politique confirme sur ce point et sur bien d'autres la vérité des maximes de l'Évangile.

Les hommes ne haïssent pas, ne peuvent pas haïr le bien ; mais ils en ont peur.

Le péché contre le Saint-Esprit, dont parle l'Évangile, ce péché qui ne sera remis ni dans ce monde ni dans l'autre, me paroît être un mauvais livre : car si toutes les idées utiles aux hommes sont, comme on n'en sauroit douter, autant d'inspirations de l'esprit de Dieu, les idées funestes aux hommes sont autant de crimes contre ce même esprit. Et comment pourroit être pardonné un crime toujours commis et toujours nouveau? En effet, tout mauvais livre, quelque ancien qu'il puisse être, paroît pour la première fois pour tous ceux qui le lisent pour la première fois; et, grâce à l'imprimerie, un habile écrivain, quel que soit l'usage qu'il a fait de ses talents, est immortel. Ce seroit une bien utile institution, qu'une association pour la destruction des mauvais livres, si elle ne donnoit lieu sur-le-champ à des spéculations de librairie qui les multiplieroient.

Une pensée est toujours vraie; mais elle est souvent incomplète, et l'erreur n'est que *défaut* de pensée.

Depuis les progrès que le matérialisme a faits dans la société, l'opinion du néant qui nous attend affoiblit, même dans les esprits les plus fermes, la croyance de l'immortalité : elle attriste et flétrit l'âme, plus même que ne seroit la crainte des peines éternelles, parce qu'elle est moins naturelle à l'homme ; car ceux qui attentent à leur propre vie veulent, non pas n'être plus, mais être différemment.

Est-ce qu'on croit, est-ce qu'on peut croire sérieusement au néant après la mort? Tout au plus on le désire : *tantus amor nihili!* dit l'Anti-Lucrèce. Il faut de bien bonnes raisons pour cela, mais on ne les dit pas.

Quand on sait combien peu de chose sépare dans nos esprits la vérité de l'erreur, on se sent disposé à une grande indulgence.

On dit *les erreurs* d'Aristote, de Luther, de
J.-J. Rousseau, les erreurs d'un siècle ; pourquoi ne peut-on pas dire *les vérités* de Platon,
de Leibnitz, de saint Augustin, les vérités d'un
siècle, comme on dit les vérités de l'Évangile ?
c'est que l'erreur est de l'homme, la vérité est
de Dieu : l'une s'invente, l'autre se découvre ;
l'erreur a son évidence, et c'est l'absurdité ;
la vérité a son évidence, et c'est la certitude.
On dit les pensées, les sentiments, les opinions, les esprits des hommes ; pourquoi ne
peut-on pas dire *les raisons* des hommes? C'est
qu'il n'y a qu'une raison éternelle *qui éclaire
tout homme venant en ce monde*, quand il ne
ferme pas les yeux à sa lumière. Ainsi notre
langage est vrai, en dépit de nous et même
lorsque nos pensées ne sont pas justes. Je connois un esprit droit et fort que ces seules considérations ont, de conséquence en conséquence, ramené de bien loin à la religion.

Nous avons deux *données* pour croire aux peines éternelles, la douleur et le temps; et nous avons une idée juste et complète de l'une et de l'autre. Nous n'en avons aucune pour croire au néant, et il nous est impossible d'avoir l'idée d'un état où nous n'aurions pas d'idée.

Les philosophes se sont quelquefois étonnés que la religion ordonnât de mourir, plutôt que de renoncer à la croyance de certaines vérités qu'elle pose comme le fondement des loix et des mœurs. Je suppose qu'un tyran absurde, comme ils le sont tous plus ou moins, ordonnât à un philosophe, sous peine de mort, de jurer que les trois angles d'un triangle ne sont pas égaux à deux angles droits; que feroit le géomètre? Il se reprocheroit avec raison, comme une lâcheté, de jurer le contraire de ce qu'il sait être vrai, et cependant cette proposition de géométrie n'est d'aucune utilité morale. Dira-t-on que les vérités géométriques sont d'une

autre évidence que les vérités religieuses ?
D'une autre évidence, oui ; d'une plus grande
certitude, non assurément ; et la *nécessité* de
la religion égale en certitude l'utilité de la
géométrie.

———————

Plus de certitude, ou pour mieux dire, un
autre genre de certitude des peines et des récompenses futures que celle que nous en avons,
auroit changé toute l'économie de la vie humaine et de la société ; et cette grande attente
de bonheur ou de malheur éternel, trop vivement sentie, auroit dès ce monde transporté
l'homme tout vivant dans l'autre.

———————

Il faut demander la cause d'un phénomène
physique, et la raison d'un dogme moral. Bien
des gens font tout le contraire, et s'étonnent
qu'on ne puisse leur répondre.

On ne voit pas que les déistes qui refusent
de croire à l'éternité des peines, révoquent en
doute l'éternité des récompenses. En effet, si
l'âme est immortelle, comme ils le disent, elle
est nécessairement, après la séparation du corps,
dans un état heureux ou malheureux. Mais si
l'éternité des peines leur paroît hors de toute
proportion avec nos fautes, l'éternité des récompenses n'est pas certainement plus en proportion avec nos vertus. Les athées sont plus
conséquents; tout, selon eux, finit avec la vie :
mais si une éternité de bonheur ou de malheur effraie l'imagination, l'anéantissement révolte la raison ; et je crois impossible à l'être
qui a la conscience de son existence, de concevoir l'éternité du non-être ou le néant ; car,
concevoir le rien, c'est ne rien concevoir.

Dans une société matérialiste, on sait jouir
de la vie et braver la mort dans les combats ;
mais hors de là, on ne sait plus ni vieillir ni

mourir : triste état de l'homme que celui où
il ne regrette que la vie et ne peut attendre que
la mort !

———————

La misanthropie d'un caractère difficile,
d'un esprit chagrin et orgueilleux, s'indigne
et du bien et du mal, et s'irrite contre tout ce
qui est. La misanthropie d'un honnête homme
est une haine profonde de la corruption publique. Indulgente pour les hommes, elle est in-
exorable pour les gouvernements qui ne connoissent ni leurs devoirs ni leur force, et sont
la cause de presque tous les désordres et les
malheurs des familles.

———————

On ne fait rien avec du fanatisme réchauffé.
On peut apercevoir depuis quelque temps une
singulière disposition à user de cette liqueur
enivrante, mais éventée.

———————

Vouloir, avec J.-J. Rousseau, commencer à
instruire les enfants des vérités de la religion

avant de les avoir accoutumés dès le plus bas âge
à la pratiquer, ce seroit vouloir leur apprendre
les loix du mouvement avant de leur permettre
de marcher.

———

Il est dangereux et même indécent, dans un
État chrétien, de confier la direction de l'éducation publique à un corps de laïques : c'est
donner le ministère de la guerre à un mécontent.

———

Une société s'est formée à Londres pour répandre la *Bible* dans tout l'univers. La spéculation est meilleure en commerce qu'en religion. Les protestants croient qu'il y a dans les
livres saints une vertu cachée qui se fait sentir
sans instruction, même aux plus simples. Les
catholiques, qui ne croient pas si volontiers
aux inspirations, pensent que les loix divines,
comme les loix humaines qui en sont l'application, doivent être expliquées pour être en-
tendues. Si, par une opération surnaturelle,
on pouvoit entendre les livres saints sans in-

terprète, il semble qu'on pourroit aussi-bien les lire sans l'avoir appris.

————

Les mêmes philosophes qui veulent que la Divinité n'agisse jamais que par des loix générales, se sont élevés contre les passages de l'Écriture où il est dit que Dieu punit sur les enfants, jusqu'à la quatrième génération, les iniquités des pères, et ils ont taxé de cruauté et d'injustice la conduite de la Providence. Mais comment, sans déroger aux loix générales de l'ordre physique et de l'ordre moral, Dieu pourroit-il faire que les générations ne se ressentissent pas jusque dans les temps les plus éloignés, ou dans leur santé, ou dans leur fortune, ou dans la considération dont les hommes sont si jaloux, de la conduite de parents débauchés, dissipateurs, ou convaincus d'actions criminelles ? Un père transmet à ses enfants le germe de maladies honteuses, il ruine sa famille par de folles dépenses, et la force de descendre d'un état honorable dans les derniers rangs de la société; il laisse à ses descendants

un nom souillé par le crime et l'infamie ; con-
noit-on quelque moyen de soustraire les enfants
aux suites inévitables de ces désordres ? Mais il
est dit dans les mêmes livres que Dieu ne punit
pas sur les enfants les iniquités des pères, parce
que, s'ils supportent en vertu des loix générales, les suites inévitables des fautes qu'ils
n'ont pas commises, ils doivent être récom-
pensés pour leurs propres vertus.

L'éloquence de Bourdaloue est sévère, et sa
morale consolante ; la morale de Massillon est
dure, et son style plein de charme et de
grâce.

Les représentations théâtrales ont, plus qu'on
ne pense, fourni au suicide, et peut être à l'assassinat, des excuses et des exemples.

Quel horrible secret du cœur de l'homme
ont révélé les poètes lorsqu'ils donnent à l'amour
l'épithète de cruel ! Quelle étude pour le mora-

liste, peut-être pour le physiologiste, que cet épouvantable accord de la volupté et de la cruauté qui dort au fond de notre nature, et que réveillent les scènes terribles des révolutions et de la guerre !

———

Les philosophes se sont fort égayés sur la défense que Dieu fit à Adam de manger d'un certain fruit (1). En supposant la création, il est, je ne dis pas seulement vrai, mais naturel, mais nécessaire, mais indispensable, que Dieu ait fait connoître à sa créature son pouvoir et la dépendance où elle étoit. Le pouvoir se fait connoître par des injonctions et des prohibitions, et ne peut pas se faire connoître autrement. La première injonction que Dieu fait au premier homme, est *de croître et de se multiplier*, et par conséquent de jouir de tout ce qui est nécessaire à l'accroissement et à la multiplication de l'espèce humaine. Après l'injonc-

———

(1) Ce nom, dans la langue hébraïque, se prend pour toutes sortes d'aliments.

1.   19

tion de jouir, il étoit naturel qu'il le prémunît
contre l'excès et l'abus des jouissances, et qu'il
lui ordonnât de s'abstenir. La grande loi des
sacrifices volontaires, ce premier exercice de
toute vertu publique ou privée, ce grand
moyen de conservation de toute société, devoit
commencer aussitôt que l'homme; et en lui
donnant la terre entière pour son domaine, il
étoit digne de Dieu, et utile à l'homme, de lui
apprendre qu'il devoit en user avec sobriété et
mettre des bornes à ses jouissances, comme il
en avoit à son esprit et à ses forces. La leçon de
la tempérance, même dans les choses bonnes
en elles-mêmes ou indifférentes, devoit surtout
être donnée à l'homme lorsque, seul encore
dans son immense héritage, il ne pouvoit avoir
que sa volonté pour borne à ses désirs. Mais
quelle défense Dieu pouvoit-il intimer au premier homme dans l'état où l'Écriture le suppose? Il ne pouvoit lui intimer que des défenses
personnelles, puisqu'il étoit seul sur la terre,
et non encore des défenses qu'on peut appeler
sociales, de tuer, de voler, de calomnier, de
commettre l'adultère, de désirer le bien d'au-

trui; prohibitions réservées à d'autres temps,
et qui devoient être le fondement de la société.
Dieu pouvoit-il lui prescrire ou lui conseiller
la pauvreté, lorsqu'il étoit seul possesseur de
la terre; l'obéissance au pouvoir civil, lorsqu'il
en étoit le seul roi; la chasteté, lorsque la première injonction faite à ces premiers époux
avoit été de *croître et de se multiplier?* Plus on
y pense et mieux on voit que Dieu ne pouvoit
commander à l'homme d'autre sacrifice de sa
volonté, ni lui donner une autre leçon de tempérance dans la jouissance des biens de la terre;
on peut même dire que la seule tempérance
dans la jouissance des choses *naturelles* à l'usage
de l'homme, est la tempérance dans le boire et
le manger, parce que, pour ces besoins, les premiers et les plus nécessaires de tous, il ne peut
que se modérer et ne peut pas s'abstenir.

———————

On conduit les enfants par la raison de l'autorité, et les hommes par l'autorité de la raison: c'est au fond la même chose; car la raison
est la première autorité, et l'autorité la dernière raison.

Il y a une bonne et une mauvaise physique, une bonne et une mauvaise littérature, une bonne et une mauvaise politique; des mœurs, des loix, des coutumes, des opinions, des actions bonnes et mauvaises. Comment n'y auroit-il pas une bonne et une mauvaise religion? et pourquoi ce grand et premier objet de tant de pensées, de tant d'affections, que tous les peuples ont placé à la tête de leurs constitutions, et dont ils ont tous fait la première affaire de la société, se seroit-il soustrait à la loi commune, ou plutôt au désordre commun, qui mêle le mal au bien dans toutes les institutions où les hommes sont agents nécessaires? J'avoue que je ne le conçois pas. La religion n'est rien, ou il y en a de vraies et de fausses, puisqu'il y en a plusieurs.

Odin, disent les chroniques du Nord, fut à la fois prêtre, conquérant, roi, législateur. Il avoit la réputation de prédire l'avenir et de

ressusciter les morts. Quand il eut terminé ses
expéditions glorieuses, se sentant près de mourir, il ne voulut pas que la maladie tranchât
le fil de ses jours; il convoqua tous ses amis et
les compagnons de ses exploits, se fit sous
leurs yeux neuf blessures avec la pointe d'une
lance; et au moment d'expirer, il déclara qu'il
alloit dans la Scythie prendre place parmi les
dieux, et promit d'accueillir un jour dans le
paradis tous ceux qui s'exposeroient courageu-
sement dans les batailles. Les traditions, ou
les histoires du Nord, placent ce personnage
à peu près au temps de Jésus-Christ. Seroit-ce
par hasard Jésus-Christ lui-même dont les barbares auroient défiguré la vie et la mort en les
accommodant l'une et l'autre à leurs habitudes
guerrières, à la grossièreté de leurs mœurs, et
à la simplicité de leurs idées?

L'idée de placer aux premiers rangs de la
société les hommes qui parlent au nom de
Dieu, et aux rois comme aux sujets, est si naturelle, qu'elle a dû naître ou se conserver même

chez les sauvages, et n'a pu s'affoiblir que chez des philosophes en possession de s'élever contre tout ce qu'ils trouvent établi, pour établir eux-mêmes leur domination. Elle est si raisonnable, qu'un peuple dont le jugement est faussé sur cette idée fondamentale, ne peut avoir une idée juste sur la société; et telle est la marche de l'esprit humain, que de conséquence en conséquence il doit tomber dans l'athéisme et l'anarchie.

———————

On avoit assez considéré la religion comme un besoin de l'homme; les temps sont venus de la considérer comme une nécessité de la société.

———————

La nature met entre les hommes des inégalités de corps et d'esprit, la société y ajoute celle des rangs et des fortunes; la religion interpose sa médiation entre les forts et les foibles, et compense toutes les inégalités en mettant la force aux ordres de la foiblesse : « Que

» le plus grand d'entre vous, dit-elle, soit le
» serviteur des autres »; et elle fait *habiter ensemble les lions et les agneaux.*

———

La religion chrétienne est de toutes la plus
favorable à la population, par la tempérance
qu'elle prescrit à la jeunesse, la fidélité qu'elle
recommande aux époux, et le soin de leurs enfants qu'elle leur commande; mais en même
temps attentive aux grands intérêts des États
qui peuvent souffrir d'un excès de population,
elle a fait du célibat un état saint et utile aux
hommes.

———

On ne surveille pas assez certaines parties
de l'instruction spéciale, celle des cours publics, d'autant moins indifférente qu'elle ne
s'adresse plus à l'enfance. Au reste, il y a dans
cet enseignement plus de luxe que d'utilité
réelle, et il sert beaucoup moins aux élèves
qu'aux professeurs.

Beaucoup d'esprits se trompent eux-mêmes dans la considération des vérités morales. Ils se plaignent de ne pas *croire*, parce qu'ils voudroient *imaginer*.

Quand l'Évangile dit aux hommes : « Cher-
» chez premièrement le royaume de Dieu et
» sa justice, et tout le reste vous sera donné
» comme par surcroît »; il dit aux gouvernements : « Faites vos peuples bons, et ils seront
» assez riches ». En effet, la vertu inspire
l'amour du travail et l'habitude de la tempérance, véritables sources de la richesse. La politique moderne dit au contraire : « Faites le
» peuple riche, et il sera assez bon »; et elle
l'occupe, avant tout, de commerce, d'arts, de
manufactures, etc. ; mais malheureusement,
pour être riche il faut le devenir, et chercher
la richesse pour la trouver. Or ce n'est pas la
richesse qui corrompt les hommes, mais la
poursuite de la richesse.

Les doctrines tolérantes font des peuples très-intolérants, témoins les Musulmans et bien d'autres. La raison en est que toutes les doctrines, même politiques, sont ou des opinions humaines ou des principes divins et naturels, et que chacun est jaloux de ses opinions comme de son propre bien, et non de principes qui appartiennent à tout le monde. On se souvient encore de la *tolérance* de tous les gouvernements qui ont régi la France jusqu'au retour de la monarchie.

Toutes les fois qu'on attend le retour de l'ordre, on parie à jeu sûr, et on ne peut se tromper que de date.

La religion, toujours attentive au bien de la société qui n'a rien tant à redouter que le désespoir des coupables, a des espérances de pardon pour tous les remords, parce qu'elle a des exemples pour tous les forfaits, et même pour le meurtre juridique des rois. Elle nous montre

dans le monde un crime encore plus grand ;
elle nous dit que ceux qui l'ont commis ne
savoient ce qu'ils faisoient; les assassins des
rois ne le savoient pas davantage; et, comme
les Juifs, ils ont cru ne juger qu'un homme;
et peut-être que ceux qui les plaignent les
trouvent excusables, parce qu'ils n'ont condamné qu'un roi.

Lorsqu'on offre à quelqu'un en don des
choses matérielles, c'est pour qu'il les accepte
et les consomme par l'usage qu'il en fait. Ainsi
il n'y a pas de don sans usage, et par conséquent sans destruction de la chose donnée.
Cette vérité développée expliqueroit le sacrifice de la religion chrétienne.

La religion pourroit répondre à ceux qui
déplorent sa perte, ce que son auteur disoit aux
femmes de Jérusalem qui l'accompagnoient au
supplice : « Ne pleurez pas sur moi, mais pleu-
» rez sur vous-mêmes et sur vos enfants »; et

il est des époques dans la société où la première douceur de la vie, celle de laisser des enfants après soi, peut en devenir la plus cruelle inquiétude.

———————

Toutes les vérités sont certaines en elles-mêmes, par cela seul qu'elles sont des vérités; mais elles ne sont évidentes que pour ceux qui les connoissent; et comme les esprits sont les uns plus, les autres moins capables de connoissance, il y a des vérités évidentes pour ceux-ci, qui ne sont pas même connues de ceux-là; et ces derniers sont toujours les plus hardis à les rejeter. Toutes les vérités géométriques sont également certaines, mais les premières et les plus élémentaires sont évidentes à peu près pour tous les esprits qui y ont donné quelque attention, et les plus hautes ne le sont que pour les esprits qui les ont étudiées et pénétrées. Les ignorants se moquent de celui qui leur dit qu'on a mesuré la distance de la terre au soleil, ou la quantité d'eau qui passe sous un pont dans un temps donné, ou le poids des matériaux qui entrent dans la construction d'un édifice; cependant ils profitent, comme les savants, de mille choses d'un usage journalier qui sont fondées sur la connoissance de ces vérités. Appliquons cela à la religion. Combien de vérités religieuses étoient certaines pour saint Augustin ou pour Bossuet, qui ne sont pas à la portée de la femme du peuple qui ne sait que les vérités les plus familières de sa religion, pas même à la portée des beaux esprits et des savants qui en ignorent jusqu'aux éléments! et cependant la religion qui sert à tous, au *Grec* comme au *Barbare*, est fondée sur ces vérités; et les plus hautes comme les plus familières entrent dans le corps de sa doctrine, et font partie de son enseignement. Bossuet sans doute ne seroit pas allé en géométrie aussi loin que Newton; mais, même avec le génie de Newton, un géomètre auroit pu rester en philosophie morale bien au-dessous de Bossuet. Des esprits également forts ne sont pourtant pas les mêmes : l'incapacité de Bossuet à découvrir certaines vérités géométriques ne seroit pas plus une objection contre la certi-

tude de ces vérités, que l'incapacité d'un géomètre ne seroit une objection contre la certitude des vérités morales qu'il n'auroit pas
pénétrées. Ce sont les petits esprits qui s'imaginent qu'un homme peut tout comprendre
et tout apprendre dès qu'il sait et comprend
quelque chose; et qu'il doit être, par exemple,
un grand politique, parce qu'il fait bien les
vers. Ce qu'un homme d'esprit, même un savant n'entendent pas, ils en rejettent la faute
sur l'auteur, et l'accusent de ne s'être pas entendu lui-même; ils se gardent bien d'en rejeter la faute sur leur esprit, étendu sur un
point, borné sur d'autres, et qui, comme certains corps, manque d'une dimension pour
être solide. « Il y a deux sortes d'esprits, dit
» Pascal, qui les avoit tous les deux : l'un, de
» pénétrer vivement et profondément les con-
» séquences des principes, et c'est là l'esprit de
» justesse ; l'autre, de comprendre un grand
» nombre de principes sans les confondre ; et
» c'est là l'esprit de géométrie. L'un est force et
» droiture d'esprit, l'autre est étendue d'esprit.
» Or l'un peut être sans l'autre, l'esprit pou-

» vant être fort et étroit, et pouvant être aussi
» étendu et foible ».

———————

Mallebranche, Descartes, Pascal lui-même,
tous géomètres, faisoient peu de cas de l'esprit
géométrique, appliqué aux choses morales.

« Les géomètres, dit Pascal, qui ne sont que
» géomètres, ont l'esprit droit; mais pourvu
» qu'on leur explique bien toutes choses par
» définition et par principes; autrement ils sont
» faux et insupportables ». Voyez le 55, 31 *des*
Pensées de Pascal.

———————

Les querelles historiques, littéraires, géométriques, chronologiques, ne se décident
point par les armes, parce que les arts et les
sciences utiles à l'homme ne sont point nécessaires à la société; mais les controverses religieuses deviennent des guerres politiques,
parce que la religion est, qu'on le veuille ou
non, l'âme, la raison et la vie du corps social, et qu'elle le remue trop puissamment

pour qu'il puisse rester tranquille quand elle
est troublée. Certains philosophes, grands ennemis des guerres qui ne se font pas au profit
de leurs doctrines, ne voient aux guerres de
religion d'autres remèdes que l'indifférence
absolue; ils tuent le malade pour guérir la maladie. Quand le paganisme régnoit sur tout
l'univers, deux peuples pouvoient se battre
pour la possession d'un temple; mais il ne
pouvoit y avoir de guerre entre eux pour des
croyances religieuses, toutes également erro-
nées; mais dès que la vérité parut sur la terre,
« et que la plus haute sagesse se fit entendre »,
il s'éleva entre l'erreur et la vérité une guerre
nécessaire et interminable. Aussi la vérité dit
elle-même : « Je ne suis pas venu apporter la
» paix sur la terre, mais la guerre ». La religion
chrétienne commença donc par attaquer le
paganisme, et dans cette guerre sanglante, qui
dura près de trois siècles, elle triompha par
la mort d'un grand nombre de ses enfants.
Quand elle eut détrôné le paganisme, elle fut à
son tour attaquée par le mahométisme, et il
fallut l'événement le plus extraordinaire et la

réunion miraculeuse de toutes les forces de l'Europe chrétienne pour éloigner de la chrétienté ce redoutable ennemi. Il n'y avoit eu depuis cette époque, dans le christianisme, que des guerres civiles ; mais, comme il arrive dans les États politiques, le parti vaincu a appelé l'étranger à son secours, et l'athéisme, qui depuis long-temps observoit les chances de la guerre pour en profiter, est venu se mêler à la querelle ; ce redoutable auxiliaire est devenu l'ennemi principal, et c'est contre lui qu'une nouvelle croisade, plus étonnante que la première, a été envoyée. La guerre n'est pourtant pas finie : à la vérité, l'ennemi ne tient plus la campagne ; mais il occupe des places fortes.

Une preuve de plus que le Décalogue a été donné par Dieu même à la première société, est qu'il n'y a d'injonctions que pour les inférieurs, pour les enfants et non pour les pères, et par conséquent, comme l'entendent tous les interprètes, pour les sujets et non pour les rois. Dieu, source et règle de tous les pouvoirs, et dont les pères et les rois ne sont que les délégués, n'avoit garde de se donner des loix à lui-même. Les hommes n'auroient pas agi ainsi ; ils n'auroient pas manqué, en endoctrinant les chefs, de flatter les subalternes, et de placer dans leurs loix les droits de l'homme, la responsabilité des agents de l'autorité et la souveraineté du peuple ; et au lieu de commencer leur Code par ces mots : « Enfant, honore ton père » et ta mère », ils auroient dit : « Pères et » mères, prenez soin de vos enfants ».

———————

Toute passion qui n'est pas celle de l'argent, des honneurs ou des plaisirs, s'appelle aujourd'hui fanatisme et exagération.

———————

Qui auroit jamais pu croire que l'art de se précautionner contre la religion et la royauté, ces deux premiers et plus grands bienfaits de l'auteur de toute société, comme on se précautionne contre un ennemi public, deviendroit un dogme politique et le fondement des

modernes constitutions ? C'est l'obscurcisse-
ment absolu de la raison humaine ; et, pour la
honte éternelle de notre siècle, c'est ce qu'on
appelle le progrès des lumières.

———

Il y aura dans toute société plus de douleurs
domestiques à mesure qu'il y aura plus de plaisirs publics. Il y avoit autrefois moins de plaisirs et plus de bonheur.

———

Il n'y a rien pour un homme de plus ruineux que le libertinage, et pour un État, que
l'irréligion : elle écrase la France.

———

On se plaint de l'ignorance et de la grossièreté des peuples, et on souffre une foule de
théâtres de tréteaux, qui sont des écoles publiques de sottises et de corruption.

J'admire le bon sens de la police moderne, qui bannit les femmes de mauvaise vie des jardins publics, et y laisse des statues indécentes. Qu'y gagne-t-on? Les statues parlent, elles invitent. « Le moyen, dit Dupaty dans » son *Voyage d'Italie*, d'avoir des mœurs et des » statues ! »

Quand la religion a assez long-temps averti un peuple éclairé par les orateurs les plus éloquents, et les écrivains les plus profonds, et qu'elle n'a pu le corriger, elle lui envoie d'autres missionnaires qui sont infailliblement écoutés.

Deux époux étroitement unis gouvernoient leurs enfants avec tendresse et fermeté. La mère exigeoit davantage, mais elle obtenoit beaucoup avec des promesses et des menaces. Le père demandoit moins, mais il employoit plus de sévérité. Les époux se désunirent, le père

devint jaloux de l'ascendant de la mère sur
l'esprit des enfants, et peut-être de l'amour
qu'ils lui témoignoient; il l'éloigna et voulut
gouverner seul. Pour gagner l'esprit des enfants, il relâcha beaucoup de sa sévérité accoutumée, et commença par leur permettre tout
ce que leur mère leur défendoit. Ils devinrent
mauvais sujets, mauvais frères et mauvais fils;
ils se battoient entre eux, insultoient leurs
voisins, et bientôt ils ne voulurent plus même
reconnoître l'autorité paternelle. Le père alors
s'aperçut qu'il ne pouvoit pas gouverner seul,
et qu'il étoit nécessaire que son pouvoir fût
secondé et tempéré par l'autorité maternelle
qui insinuoit ce qu'il ne pouvoit pas commander, découvroit les fautes qu'il ne pouvoit
pas connoître, et prévenoit souvent ce qu'il
auroit fallu punir. Il rappela sa compagne;
les plus jeunes la connoissoient à peine; les
aînés la revirent avec transport, et peu à peu
la firent connoître et aimer de leurs frères :
elle remit la paix entre eux, les réconcilia
avec leur père et leurs voisins, et la famille
rentra dans l'ordre. Changez les noms, met-

tez à leur place le gouvernement et la religion,
et vous aurez l'histoire de l'Europe et de sa
révolution.

Un jour peut-être on fera quelque attention
à cette doctrine simple et féconde, qui classe
sous les trois idées les plus générales de *cause*,
de *moyen* et d'*effet*, comme dans trois caté-
gories, tous les êtres et leurs rapports.

Ces mêmes idées, transportées de la métaphysique dans la société, et de la région des
généralités dans celle des réalités, y deviennent
le *pouvoir*, le *ministère*, le *sujet*, qui répondent une à une à *cause*, *moyen* et *effet*, et
comprennent toutes les personnes de toute
société, comme *cause*, *moyen* et *effet* comprennent tous les êtres de l'univers.

Avec cette clef, si j'ose le dire, on pénètre
dans le mystère de toutes les sociétés.

Ce sont là, je le crois du moins, des idées
premières en philosophie, en philosophie de
choses, et non en philosophie de mots ou
en idéologie; elles peuvent ouvrir une vaste

carrière aux méditations d'un esprit exercé,
et qui cherche à faire des applications réelles
et positives des vérités générales. Cette philosophie est désormais la seule qui convienne
aux progrès des esprits et à l'état de la société.

———————

Chez les peuples qui ont perdu de vue les
conseils de la raison et les leçons de l'expérience, on croit volontiers aux prophètes sans
mission, et aux inspirations prétendues du
premier visionnaire ou du premier imposteur.
Cette disposition des esprits s'aperçoit depuis
long-temps en Europe, et elle est un symptôme de décadence et de retour à la barbarie.

———————

La peur des morts garantit peut-être les
vivants. J'ai eu occasion d'observer que des
hommes fortement soupçonnés ou même coupables de meurtres, quoique non convaincus
ou non punis, avoient moins le remords du
crime que la frayeur des revenants. Philo-

sophes, laissez les préjugés là où ils sont, et comme ils sont : ils tiennent lieu de raison et même de religion à ceux qui n'ont ni de l'une ni de l'autre.

———————

Lorsque vous voyagez dans des provinces reculées et des lieux écartés, si vous êtes salué par les jeunes gens, si vous apercevez des croix autour des villages, et des images chrétiennes dans les chaumières, entrez avec confiance, vous trouverez l'hospitalité.

———————

Le caractère dont Dieu marqua au front le premier meurtrier de son frère, se retrouve dans ses descendants. L'habitude du crime, comme celle de la vertu, se peint dans les traits du visage, surtout dans les yeux. Je ne connois pas d'exception à cette règle, et la beauté de la figure ou sa laideur n'y changent rien.

C'est le défaut d'harmonie entre les traits du visage, plutôt que l'irrégularité de chaque trait pris séparément, qui fait les physionomies malheureuses ou suspectes.

Les arts, la littérature, la politique même conspirent à l'envi pour la volupté, ce mortel ennemi des sociétés; bientôt les loix ne pourront plus prévenir l'infanticide, et déjà les hôpitaux ne suffisent plus à recevoir et à nourrir les enfants trouvés. Encore quelque temps, et les plus grands désordres justifieront jusqu'aux conseils les plus sévères de la religion!

Il n'est pas étonnant qu'on ait mis en problème l'utilité de la découverte de l'imprimerie. Jusqu'à présent ce moyen public et si puissant d'ordre social a été abandonné aux particuliers, et les gouvernements n'ont pas su le faire tourner à l'avantage de la société. Il est digne de remarque que les deux fortunes les plus considérables qui aient été faites en France par les lettres, sont celles de Voltaire et de Buffon, dont l'un a combattu avec de mauvais systèmes de physique les croyances religieuses, que l'autre a livrées au mépris avec sa fausse et cynique philosophie. Les talents de Voltaire ont été puissamment secondés par sa fortune.

———————

Je crois que la poésie érotique est finie chez nous, et que, dans une société avancée, on sentira le ridicule d'entretenir le public de foiblesses qu'un homme en âge de raison ne confie pas même à son ami. La poésie érotique n'est pas l'enfance, mais l'enfantillage de la poésie.

———————

L'orgueil est une folie de l'esprit, et je crois qu'il peut être une cause de démence même physique. Ce qui semble le prouver, est que les fous rêvent presque toujours le pouvoir,

et s'imaginent tous être de grands person-
nages, même rois ou papes.

Les ambitions les plus ardentes et les plus
tenaces sont celles qui ont vieilli dans l'obscurité: c'est la passion du mariage, nourrie dans
un long célibat.

Le conseil que donne Horace de trancher
par le ridicule plutôt que par des raisonnements sérieux les choses importantes, ne peut
s'appliquer qu'aux erreurs reconnues et même
évidentes. Mais alors, comment se fait-il
que les mêmes doctrines, qui n'ont paru à des
poètes et à des beaux esprits dignes que de
mépris, et qu'ils ont livrées à la risée publique, aient été défendues par des savants et des
philosophes, hommes de génie, tels que Pascal,
Newton, Leibnitz, Euler, etc.? et je ne nomme
à dessein que des géomètres, les plus difficiles
de tous sur les preuves. Le bel esprit a raison,
ou le génie a tort.

Le ridicule naît du contraste du grand au petit : de là vient que les sauvages rient très-peu, parce que n'y ayant rien de grand parmi eux, il n'y a pas lieu au contraste. Plus l'objet est élevé, plus le contraste est marqué, et le ridicule facile à saisir : c'est pour cette raison qu'on ne peut parodier qu'une tragédie, et que la religion prête plus que tout autre objet au travestissement et à la raillerie. Mais en même temps, elle est éminemment poétique et oratoire, et elle communique aux arts, et principalement à l'architecture, le premier de tous, sa grandeur et sa noblesse. On ne peut au contraire faire avec l'athéisme, ni parodie, ni poésie, ni éloquence. On ne peut lui élever des temples, le mettre en tableaux ou en statues ; on ne peut en rien faire, parce qu'il n'est rien. Ce seroient des esprits bien superficiels que ceux qui ne sentiroient pas la force de ces considérations.

Quand le christianisme se leva sur la société, le paganisme recula lentement devant
lui, défendu par le gouvernement; et l'univers ne fut pas un seul instant sans croyance
vraie ou fausse de la Divinité : pareil au monde
matériel dont un hémisphère, quoique privé
du soleil, n'est jamais totalement privé de lumière. La philosophie, au contraire, trop fa-
vorisée par les gouvernements, a commencé
par nier Dieu; elle n'avoit plus rien à mettre
à la place, que le peu de morale qu'elle em-
pruntoit à la religion elle-même. La religion
chrétienne avoit enté la croyance naturelle de
l'unité de Dieu sur la croyance fausse, ou plutôt défectueuse de la pluralité des dieux. Mais
sur quel *sujet*, sur quelle vérité, ou même sur
quelle erreur pouvoit-on *greffer* l'athéisme,
et quel analogue trouvoit-il dans notre esprit
ou dans notre nature? Si l'on veut qu'une doctrine religieuse prenne racine, il faut la semer
dans le peuple, et alors elle croît, comme
toutes les plantes, de bas en haut : c'est ce

qu'ont fait les apôtres, qui ont commencé par évangéliser les pauvres. Les beaux esprits ont voulu répandre leurs opinions de haut en bas, si j'ose le dire, et commencer par endoctriner les grands. Ils se sont trompés : la doctrine, comme la société, doit être domestique avant d'être publique, et familière avant d'être politique. Aussi cette philosophie irréligieuse, semblable *à l'herbe qui croît sur les toits, séchera avant de fleurir; elle ne remplira pas la main du moissonneur ni le sein de celui qui recueille les gerbes* (1).

La religion chrétienne est la philosophie du bonheur; notre philosophie moderne est la religion du plaisir. L'une est le remède amer, mais salutaire; l'autre le mets agréable au goût, et qui ruine la santé.

(1) *Fiant sicut fœnum tectorum quod priusquam evellatur, exaruit : de quo non implevit manum suam qui metit et sinum suum qui manipulos colligit.* Ps. 128.

Aujourd'hui, que l'étude des langues étrangères entre dans l'éducation de la jeunesse des deux sexes; on a plus de mots, et d'autres mots pour exprimer une même idée; mais on n'a pas plus d'idées. On ne parle pas mieux sa langue naturelle, on la parle même quelquefois plus mal; mais on estropie un peu d'anglois et d'allemand, dont vraisemblablement on n'aura jamais besoin. Les philosophes peuvent bien tirer de grandes lumières de la connoissance des divers idiomes; mais il faut les chercher dans la syntaxe des langues plutôt que dans leur vocabulaire.

Quelquefois après des siècles de troubles et de législation, il se trouve qu'on n'a constitué que des partis.

Les sauvages ont plus de souvenirs que de prévoyance ; l'homme civilisé, plus de prévoyance que de souvenirs. Le sauvage est plus occupé de ses pères, et ne tient à son pays que par leurs tombeaux ; l'homme civilisé est plus occupé de ses enfants. Cette disposition différente est à la fois effet et cause de l'état stationnaire des uns et de l'état progressif des autres.

Si le sauvage étoit un peuple primitif, il montreroit le goût des progrès et des dispositions à avancer dans la vie sociale; mais c'est un peuple dégénéré; et loin d'avancer, il recule encore, et tend à disparoître de la terre.

Le gouvernement représentatif a été obligé de punir; la monarchie absolue auroit été assez forte de tempérament pour supporter sans danger un excès de clémence.

Nous avons acquis une nouvelle passion en France, où il n'y en avoit déjà que trop ; celle de la jalousie. Elle a été décrétée dans l'article III de la Charte : « Les François sont » tous également admissibles à tous les emplois » civils et militaires ». Car, comme la nature a décrété, dans une loi plus ancienne et non écrite, « que tous les hommes ne sont pas éga- » lement admissibles à tous les emplois, parce » que tous n'en sont pas capables », il y a conflit entre la politique et la nature, entre le fait et le droit. Les hommes s'en tiennent à la loi écrite ; et comme tous se croient admissibles par nature, tous veulent être admis par la po- litique.

Je serois curieux de juger l'étonnement que produiroit sur le bon sens d'un sauvage la contradiction de notre morale religieuse et po- litique, et de notre morale théâtrale et litté- raire. A voir les leçons que nous recevons au spectacle et dans nos livres, et l'ordre général qui règne dans la société, il admireroit la force d'une civilisation qui résiste encore à de pareilles influences.

———

Les hommes ne haïssent pas, ne peuvent pas haïr le bien, mais ils en ont peur.

———

Les orateurs anciens parloient devant le peuple, et la raison pouvoit se faire entendre : aujourd'hui nous parlons devant de beaux esprits ; il n'y a plus rien à faire : c'est faire des tours de cartes devant des joueurs de gobelets.

———

La science et les lettres étoient autrefois un but ; aujourd'hui, et depuis la révolution, elles ne sont plus qu'un moyen.

———

L'histoire n'est trop souvent que l'oraison funèbre des peuples morts, et la satire ou le panégyrique des peuples vivants.

———

N'est-il pas étonnant que lorsque les hommes ont atteint le plus haut degré de malice, les gouvernements, à l'envi les uns des autres, ne s'occupent qu'à affoiblir la rigueur des loix et la sévérité des jugements ?

Tout système de constitution pour la société politique, qu'on ne peut pas appliquer à la société domestique en en réduisant les proportions à sa mesure, est faux et contre nature. C'est la pierre de touche des constitutions.

Nous avons un code civil, un code criminel, un code de procédure, un code de commerce, un code rural, un code forestier, un code hypothécaire, etc. ; et la religion, le code moral qui, bien observé, pourroit à lui seul tenir lieu de tous les autres, nous n'en voulons pas, et nous la traitons comme un mal nécessaire qu'il faut tolérer, en prenant tous les moyens possibles pour en diminuer l'influence !

A la féodalité de la terre a succédé celle de l'usure ; et les malheureux débiteurs sont d'humbles vassaux, *qu'un seigneur suzerain*

d'un million d'écus fait-traîner en prison, s'ils
retardent d'un jour le payement d'une rede-
vance qui, dans peu d'années, a doublé le
capital. La tyrannie tant reprochée aux sei-
gneurs de terres n'approchoit pas de celle-là.

———

Je ne conçois pas comment les tribunaux
peuvent ordonner l'acquit d'un billet passé à
l'ordre de M. le duc...... ou de M. le comte......,
lorsqu'ils défendent le payement de rentes fon-
cières toutes les fois que le bail originaire est,
comme on le dit, *entaché* de quelques termes
de féodalité.

———

L'impartialité à l'égard des personnes, est de
la justice; l'impartialité dans les opinions, est
de l'indifférence pour la vérité ou de la foiblesse d'esprit.

———

Des jeunes gens sortent de bon matin pour
aller à leurs devoirs ou à leurs affaires : l'un est
passionné pour le dessin, et s'amuse le long

des quais à regarder les tableaux ou les gra-
vures qui y sont exposés ; un autre est fou de
spectacles militaires, et prend un long détour
pour aller voir manœuvrer un régiment ; un
troisième aime les livres, et perd son temps à
bouquiner en chemin : l'heure passe, et ils
arrivent trop tard. Voilà la vie et les hommes.

———

Tous les travaux qui demandent de la force,
de l'adresse, de la hardiesse, conviennent à
l'homme, et sa dignité ne sauroit en être bles-
sée : mais des occupations viles ou malsaines,
même quand leur objet a quelque utilité ; mais
des ordures ramassées dans les rues, des os
disputés au coin d'une borne à des animaux, etc. : je souffre, je l'avoue, d'y voir
l'humanité condamnée ; et je remarque que
c'est principalement dans ces vils métiers que
la révolution et ses plus sanglantes journées
ont trouvé des bourreaux. C'est pour ces travaux, qui dégradent l'homme, que l'on devroit inventer des machines. Je connois des
provinces où l'on ne pourroit, à aucun prix,

trouver des hommes qui voulussent se livrer à ce qu'on appelle à Paris *les basses œuvres*.

———

Dans les petites villes, les spectacles et les cafés, prodigieusement multipliés, et les cabarets dans les campagnes, dépravent et ruinent toutes les classes de la société, et troublent la paix et le bonheur des familles. Les tavernes et les liqueurs fortes sont, en Angleterre, une cause féconde de mendicité.

———

On s'étonne quelquefois de trouver dans des contrées stériles les salaires annuels ou journaliers plus élevés que dans les pays fertiles. On ne fait pas attention que dans les premiers, toujours de petite culture, où les propriétés sont très-divisées, les habitants, tous plus ou moins occupés pour leur compte, mettent leurs services à l'enchère; tandis que, dans les pays fertiles et peuplés où la propriété est concentrée dans un petit nombre de mains, le riche, assuré de trouver autant de journaliers qu'il en veut, met le travail au rabais : aussi c'est presque toujours dans les pays qu'on appelle riches, qu'il se trouve le plus de pauvres. On parle toujours d'étendre les jouissances des hommes : la vraie et seule richesse des peuples est la sobriété.

Un symptôme de changement dans les mœurs domestiques et d'affoiblissement des sentiments religieux, auquel on ne fait pas assez d'attention, est que dans toutes les familles, même les moins aisées, l'établissement du fils aîné, qui devroit être une époque de bonheur pour les parents, est presque toujours une cause de division, et qu'à peine mariés, les enfants et les pères font ménage à part, et souvent sous le même toit ne peuvent vivre ensemble. Cette séparation a de très-fâcheuses conséquences pour l'aisance des familles, la culture des biens et l'éducation des enfants; elle vient des changements survenus dans les mœurs et les usages : les générations ne se rencontrent plus.

Il y a dans la société deux dispositions également fortes, également naturelles, et cependant contradictoires : l'une par laquelle les hommes tendent à se multiplier, l'autre par laquelle la propriété tend à se concentrer sur un moindre nombre de têtes ; car, quel est le possesseur de terres qui ne trouve pas à sa convenance celles de ses voisins, et ne cherche pas à reculer les limites de ses héritages ? De cette double disposition il doit résulter dans toute société établie et agricole, qu'il y aura un nombre toujours plus petit de propriétaires, et un nombre toujours plus grand d'hommes sans propriétés. Le régime féodal, ou plutôt emphytéotique, contre lequel on a tant déclamé sans en connoître la raison et le but, prévenoit ce double danger, en laissant au riche les honneurs de la propriété, en même temps qu'elle en laissoit l'utile et la culture au paysan ; et la preuve en est évidente, puisque dans les pays où ce régime étoit en vigueur, les biens, sans nulle propriété-foncière, se vendoient

beaucoup plus cher, étoient beaucoup plus re-
cherchés que ceux où il y avoit des fonds ru-
raux : il y avoit des gens plus riches que d'autres, mais le peuple y étoit tout propriétaire.

———

Si un homme puissant ou riche conquéroit
ou acquéroit une grande étendue de terres
inhabitées, il y appelleroit des colons pour les
cultiver, et le régime emphytéotique s'y éta-
bliroit de lui-même et par la force des choses;
et il subsisteroit jusqu'à ce que des philosophes
trouvassent juste de dépouiller le premier propriétaire.

———

Après qu'on a lu les ouvrages de plusieurs
auteurs modernes qui ont écrit sur la *richesse
des nations* et sur tout ce qui s'y rapporte, on
commence à croire que ce qu'on appelle l'économie politique est un abus de mots, et qu'on
se tourmente en vain pour en faire une science.
Une famille est plus riche qu'une autre famille,
un pays plus fertile qu'un autre pays, un État

plus peuplé et plus étendu qu'un autre État;
mais une nation n'est ni pauvre ni riche, et
toute nation qui subsiste est assez riche par
cela seul qu'elle a en elle-même les moyens de
subsister. Sous ce rapport, telle nation qu'on
regarde comme la plus riche, l'Angleterre, par
exemple, est, comme nation, réellement plus
pauvre que bien d'autres, parce qu'elle est,
comme nation, moins indépendante, et qu'elle
a, plus que les nations continentales, besoin
des autres peuples et du commerce qu'elle fait
avec eux, sur eux, ou contre eux, pour subsister telle qu'elle est. De là vient que la guerre
la plus dangereuse qu'on lui ait faite, est la
mesure qui l'excluoit des ports de toute l'Europe. Que signifie la richesse d'une nation? La
plus riche est-elle celle qui lève le plus d'impôts?
Mais la plus riche, ce me semble, seroit celle
qui exigeroit le moins de la famille; et j'avoue
que je n'ai jamais pu concilier l'idée de la richesse d'une nation avec le nombre prodigieux
de pauvres ou même d'indigents que renfer-
ment les nations réputées les plus riches, et
qui sont la honte ou le fléau de leurs gou-

vernements. Dans une famille riche, tous les
individus qui la composent partagent dans la
fortune paternelle; mais en est-il de même dans
une nation riche, et la misère ne se traîne-t-elle
pas toujours sur les pas de l'opulence? La Suède
est une nation pauvre : n'a-t-elle pas ses éta-
blissements religieux, civils et militaires, ses
places fortes, ses ports, ses arsenaux, ses temples, ses palais de justice, ses prisons, ses hôpitaux, son armée, ses flottes, etc., propor-
tionnellement à son étendue, à sa population
et à ses besoins? Qu'ont de plus l'Angleterre ou
la France? Les longues et abstraites disserta-
tions sur les richesses agricole ou industrielle,
sur les capitaux employés à l'une ou à l'autre,
le produit net et le produit brut, le travail,
les salaires, l'origine du commerce, etc. etc.,
où les écrivains les plus récents ont si souvent
raisoncontre leurs devanciers, et sont à leur tour
réfutés par leurs successeurs, me paroissent,
je l'avoue, d'une grande inutilité, vu que tout
cela est l'affaire des particuliers qui cultivent
la terre, fabriquent ses produits, vendent ou
achètent, plantent ou bâtissent, payent et sont

payés, sans consulter le gouvernement qui
perdroit tout s'il vouloit régler par des loix
toutes les transactions particulières, et nous
feroit mourir de faim, s'il vouloit se charger
de nous nourrir. M. Ganilh, un de nos écrivains en finance le plus renommé, relève
très-justement de graves erreurs dans Adam
Smith; et il y en a, je crois, une dans son
ouvrage, qui, de proche en proche, ruine
tout son système : il avance pour le besoin de
ses opinions, que c'est l'agriculture qui nous
donne une population surabondante, et non
les fabriques et les manufactures. Il suffit,
pour se convaincre du contraire, de comparer
en Angleterre, en France et partout, les villes
manufacturières aux villes purement agricoles,
et les accroissements prodigieux qu'ont pris les
villes, telles que *Manchester* et *Birmingham*,
à l'état stationnaire, si ce n'est rétrograde, des
villes peuplées de vignerons et de laboureurs;
et la raison en est, entre mille autres, que le
commerce tend à s'étendre, et la propriété foncière à se concentrer; que l'on peut commercer
dans les quatre parties du monde, et que l'on ne

peut cultiver que son pays. Le plus long cha-
pitre de tous les ouvrages sur l'économie politique, est celui des importations et des expor-
tations. Quand une nation propriétaire de
terres et agricole est obligée de s'approvisionner chez ses voisins de quelque objet manufacturé, on croit tout perdu, et l'on dit
que cette nation est tributaire de l'étranger :
c'est comme si l'on disoit qu'un grand seigneur
est tributaire de son boulanger et de son tail-
leur. Tout peuple doit cultiver ses terres et
manufacturer leurs produits ; et, à parler en
général, toute nation qui connoît les arts, fabrique avec avantage les produits de son propre
sol ; mais est-il également vrai qu'il faille importer les produits bruts de l'étranger pour
les manufacturer chez soi? Vous créez par là
du travail, soit ; mais vous créez des hommes
pour faire ce travail, et un travail nécessairement précaire, assujetti aux caprices de la mode
ou aux chances des événements politiques.
Aucune cause possible ne peut priver de travail nos ouvriers en laine, en soie, en fil, etc.;
mais on en peut supposer de plus d'un genre

qui l'ôteroient à coup sûr aux nombreux ouvriers en coton : et l'avantage d'avoir des hommes de plus qui travaillent ces produits exotiques, est bien compensé par la nécessité de
nourrir, dans cette population factice, les enfants, les vieillards et les femmes, en tout ou
en partie inutiles au travail. Il suffit, pour se
convaincre de toute la vanité de ces systèmes,
de comparer l'accroissement du prix des objets
de première nécessité avec la diminution du
prix de beaucoup d'objets de luxe. En effet,
les hommes, en se multipliant indéfiniment et
en inventant des machines qui multiplient le
travail, peuvent indéfiniment aussi multiplier
les produits de leur industrie, qui aussitôt
baissent de prix par la concurrence ; tandis
que cette population, inutile à la culture des
terres, fait renchérir, par sa consommation,
les objets de première nécessité dont la quantité est plus stationnaire, et même nécessairement limitée par l'étendue et la fertilité
du sol. Il y a cent fois plus aujourd'hui qu'autrefois de familles d'ouvriers en horlogerie, et
ils font cent fois plus de montres qu'on n'en

faisoit il y a un siècle et demi ; mais fait-on,
dans la même proportion, plus de blé, de vin,
d'huile, de beurre; la nature fait-elle plus de
bois à brûler, etc. etc. ? Ainsi, dans un pays
comme la France, riche en productions territoriales et en population, importer ce qui
manque, mais plutôt manufacturé que brut;
exporter ce qu'il y a de trop, mais plutôt brut
que manufacturé, me paroit le système le plus
sage, pourvu toutefois qu'on le combine avec
la prohibition des réglements et la prohibition plus efficace de l'exemple de tout objet de
fabrique étrangère des produits indigènes, qui
mieux ou plus mal se fabriquent chez nous:
ce système est le plus sage et le plus politique,
parce qu'il tend à resserrer dans ses bornes
naturelles la population, que l'industrie qui
s'exerce sur des produits exotiques tend à élever au-delà de toutes les limites. Qu'est-il résulté en Angleterre de l'extension prodigieuse
donnée à l'industrie et au système manufactu-
rier ? une population excessive, une immense
quantité de prolétaires, une taxe des pauvres
qui accable les propriétaires, une guerre in-

terminable entre l'agriculture, qui veut vendre ses denrées à un haut prix pour atteindre le haut prix des frais de culture, et les fabricants qui voudroient les acheter à bon marché pour pouvoir baisser le prix de leurs salaires et soutenir la concurrence dans les marchés étrangers; l'impossibilité à une famille distinguée de vivre à Londres conformément à son rang, même avec cent mille livres de rente; tous les extrêmes de l'opulence et de la misère, et les malheurs dont ils menacent tous les États. L'argent sort d'un pays pour payer quelques objets de fabrique étrangère dont il ne peut se passer; mais il y rentre par une plus grande quantité de produits bruts qu'une moindre population industrielle laisse à l'exportation. On a beaucoup reproché aux Espagnols leur indolence et la nécessité où ils sont de tirer du dehors des objets fabriqués: ils ont tort, sans doute, s'ils peuvent les fabriquer chez eux avec les produits de leur sol; mais au fond vivent-ils moins ou autrement que les autres peuples? Changeroient-ils leur sort contre celui de leurs voisins, et n'ont-ils pas, mieux que tous les autres, maintenu leur indépendance, et repoussé le joug de nos tyrans? Et que faut-il autre chose à un peuple, que vivre et rester maître chez lui, indépendant de tous les autres? Ne vaut-il pas mieux que la cherté ne porte que sur les objets de luxe, et que les objets de première nécessité soient à bon marché? Et les gouvernements ne contrarient-ils pas la nature, lorsqu'ils mettent à si haut prix l'entretien de la vie qu'elle nous donne; et ne sont-ils pas en contradiction avec eux-mêmes lorsqu'ils augmentent par tous les moyens une population artificielle, qu'ils ne peuvent nourrir que de privations, et contenir qu'à force de police?

Une nation qui demande une constitution à des législateurs, ressemble tout-à-fait à un malade qui prieroit son médecin de lui faire un tempérament. Tout au plus, ils lui traceroient un plan d'administration comme un médecin prescrit un régime. Aussi toutes ces constitutions de la façon des hommes ne sont réellement que des modes différents d'administration, la constitution angloise n'est pas autre chose, et c'est ce qui fait que le ministère y tient plus de place même que la royauté.

————

Après les révolutions, qui ne sont jamais que le règne plus ou moins long de l'erreur et du désordre, les esprits sont intimidés par le triomphe des fausses doctrines, et les caractères abattus par l'impunité de l'injustice et du crime. Il faudroit une raison bien indépendante pour retrouver sa route, et une volonté bien forte pour la suivre; et ce que l'on redoute le plus, sont des principes fermes et arrêtés, et des sentiments énergiques. Il ne faut pas s'en étonner: les hommes pour qui les troubles civils ont été un moyen de fortune ou une occasion de ruine, redoutent tout ce qui pourroit compromettre l'un ou consommer l'autre; et comme nous sommes tous plus occupés de nos intérêts particuliers et de notre tranquillité personnelle, que des intérêts généraux et du bon ordre de la société, nous cherchons à nous y

arranger, pour le peu de temps que nous avons
à vivre, comme dans une maison dont nous
aurions fait un bail à vie, et à laquelle nous
nous contenterions de faire les réparations les
plus indispensables. Cette petite combinaison
est tout-à-fait innocente, et seroit même fort
sage, si la nature des choses, plus forte que
nous, n'en dérangeoit pas le système. Malheureusement nous oublions qu'elle a fait la société, non pour les plaisirs de l'homme, mais
contre les passions et les penchants qui s'opposent à son bonheur; en sorte que notre bien-
être, même physique, est le résultat de notre
fidélité à observer ses loix, et non le but direct
de ces mêmes loix. L'homme fait des loix pour
l'homme, mais la nature n'en fait que pour
la société, pour la stabilité des familles et des
États. Il faut bien le dire; la nature n'est pas
modérée, elle est toujours dans les extrêmes.
La nature perfectionnée est à une extrémité, la
nature corrompue est à l'autre, et ce qu'on
nous a appris à cet égard de la morale, s'applique tout-à-fait à la politique. Les hommes voudroient tenir le *milieu* qu'ils appellent *mo-*

dération, et rester en morale à égale distance
du mal qui révolte leur honnêteté, et du bien
qui épouvante leur foiblesse, et rester aussi,
dans un autre système de vérités, à égale distance de la monarchie, qui est la perfection
sociale, et de la démocratie, qui est la corruption de l'état de société. Mais comme on *s'élève*
à la perfection, et qu'on *tombe* au contraire
dans la corruption (et ici les mots sont la fidèle expression des choses), il arrive infailliblement que, poussés en sens contraire par la
nature de la société et par leur propre nature,
et trop foibles pour résister à toutes les deux,
les hommes deviennent violents pour rester
modérés ; et, entraînés dans une pente rapide,
ils tombent dans l'extrême du mal pour avoir
craint de s'élever à l'extrême du bien.

Qui ne vole au sommet, tombe au plus bas degré.

Au fond, il n'y a d'assiette fixe que dans l'un
ou dans l'autre, là où il n'y a plus à monter ni
à descendre : l'équilibre entre les deux est impossible.

Il y a dans la société des idées vagues ou fausses sur le pouvoir. Le pouvoir en *volonté et action*; il est, dans *sa volonté*, absolu ou arbitraire; dans son *action*, limité ou illimité.

Le pouvoir illimité n'existe nulle part, pas même en Dieu, dont l'action dans l'univers est bornée par les essences des choses qu'il a créées; et dans les gouvernements humains, par la résistance passive des existences indépendantes, comme sous la monarchie; ou par des résistances actives et souvent armées, comme sous le despotisme.

Le pouvoir absolu est celui *qui n'a aucun moyen légal de changer les loix fondamentales* « contre lesquelles tout ce qui se fait, dit Bos- » suet, est nul de soi ».

Le pouvoir arbitraire est celui *qui a un moyen légal et toujours présent de changer ses loix même fondamentales.*

Tout pouvoir où le peuple a quelque part, est donc nécessairement arbitraire : « car, dit » très-bien Rousseau, le peuple a toujours le » droit de changer ses loix, même les meilleu-

» res ». Et ce *droit* de changer existe comme le *moyen* de changer partout où il y a des assemblées populaires et des loix *écrites* ; car tout ce que les hommes ont écrit, ils peuvent l'effacer.

On dira peut-être que le roi dans les gouvernements mixtes a aussi le droit de s'opposer à des volontés de changement. Cela est vrai, il en a même le devoir ; mais alors les événements antérieurs et la disposition actuelle des esprits lui en ôtent presque toujours l'exercice, et il s'élève une lutte entre les pouvoirs, où l'un des deux finit par succomber : c'est ce qui est arrivé en Angleterre.

———

Le pouvoir, considéré en général, est-il de droit divin ? Oui sans doute, puisque le pouvoir domestique est de droit *naturel*, et le pouvoir public de droit *nécessaire*, et que l'Auteur de la *nature* est l'Auteur de toutes les *nécessités* des êtres, et qu'il ne pourroit anéantir les *nécessités* qui font durer les êtres, sans anéantir les êtres eux-mêmes qui composent la *nature*.

———

Quand la littérature commence chez un peuple, il faut des compagnies littéraires, comme il faut des compagnies de commerce pour trafiquer dans un pays nouvellement découvert. Quand toute une nation est *lettrée*, le choix est difficile : c'est vouloir former une compagnie d'élite dans un bataillon de grenadiers. Alors les corps littéraires sont moins utiles; et si la diversité des doctrines s'y introduit, ils sont dangereux.

———

Dans toutes les grandes commotions de la société, l'opinion de la fin du monde s'est répandue parmi les peuples. Cette fois elle a été en Europe peut-être moins une erreur qu'une équivoque : ce n'est pas sans doute de la fin du monde physique que la révolution nous a menacés, mais de la fin du monde moral; et quand la religion se retire, la société meurt : elle a rendu l'âme.

Il faut parcourir beaucoup de livres pour meubler sa mémoire; mais quand on veut se former un goût sûr et un bon style, il faut en lire peu, et tous dans le genre de son talent. L'immense quantité de livres fait qu'on ne lit plus; et, dans la société des morts comme dans celle des vivants, les liaisons trop étendues ne laissent plus aux amitiés le temps de se former.

Si une génération se condamnoit à ne pas parler, les générations qui suivroient seroient muettes; si une génération n'entendoit plus parler de religion, un peuple tout entier tomberoit pour jamais dans l'athéisme.

Ce n'étoit pas sur des désordres particuliers, mais sur l'ordre général qui règne dans les sociétés chrétiennes, qu'il falloit juger le christianisme : l'objet étoit trop grand pour être soumis au microscope philosophique.

Il faudroit une fois pour toutes s'entendre
sur le progrès des lumières : nul doute qu'en
géométrie, en botanique, en chimie, en anatomie, en un mot, en connoissances physiques,
nous n'en sachions plus que ceux qui nous ont
précédés, et il n'y a pas de quoi être fiers, car
il est tout aussi certain que ceux qui nous suc-
cèderont en sauront plus que nous, puisqu'ils
sauront ce que nous savons et ce que le temps
et leurs recherches y auront ajouté. Encore
faut-il mettre une grande partie de ce progrès
sur le compte des génies inventeurs, des Descartes, des Newton, des Linnée, des Berg-
mann, etc., qui nous ont introduits dans un
vaste édifice dont nous fouillons les recoins
les plus cachés; et il est permis de douter que
le plus grand géomètre de notre siècle ait jamais
la célébrité de Newton, quoique certainement
il ait su de géométrie et de physique plus que
Newton lui-même. Ces sciences ou ces connoissances sont l'expression de la nature brute ou
inanimée et de ses propriétés, et si elles hono-

rent l'intelligence de l'homme, elles ne règlent
pas ses mœurs et ne forment pas sa raison.
Mais les sciences morales, et les arts qui sont
proprement l'expression de l'homme et le
fondement de la société; la poésie, l'éloquence,
la peinture et la sculpture, qui sont aussi pour
les yeux de la poésie et de l'éloquence; le premier de tous les arts, l'architecture; la première de toutes les sciences, la science des
loix et des mœurs, ont-elles fait des progrès?
Voilà la question. Dans ce genre en savons-
nous plus et faisons-nous mieux que les hommes
célèbres de notre grand siècle? Je ne crois pas
que nous puissions nous flatter de les avoir
seulement égalés. J'ose même avancer qu'il n'y
a pas une seule vérité morale qui n'ait été dé-
figurée ou méconnue par les philosophes du
dernier siècle, et la preuve en est évidente,
puisque le siècle des lumières a été suivi du
siècle des malheurs : effet *nécessaire,* inévitable
et prévu de leurs désolantes théories appli-
quées à la législation d'une société qui gou-
vernoit l'Europe par sa langue et par ses
écrits.

Jamais la société n'est plus près de voir naître ou renaître les institutions les plus sévères, qu'au temps du plus grand relâchement de toutes les règles; c'est là surtout que les extrêmes se touchent, et que la nature a placé le remède à côté du mal.

Un peuple naturellement gai, si les institutions ou les événements l'attristent, tombe plus tôt qu'un autre dans l'extrémité opposée, et devient féroce.

Les hérédités politiques sont un bien dont les survivances sont l'abus et l'excès.

C'est un sujet inépuisable d'étonnement, de douleur, et je dirai même de consternation, de voir des hommes, des gens de bien, nés dans le même pays et sous l'influence des mêmes loix, élevés dans les mêmes principes de religion et d'honneur, nourris de la même morale, éclairés par la même expérience d'une révolution sans exemple, dont les uns proposent et défendent des mesures que d'autres, à qui l'on croit l'esprit aussi juste, le cœur aussi droit et autant de connoissances, ne voudroient pas appuyer même de leur silence. C'est là, bien plus que dans des destructions matérielles ou même politiques, qu'on peut juger l'effet terrible des révolutions.

———

Nos anciennes cours souveraines, qui se piquoient aussi de justice et d'humanité, punissoient-elles les sorciers pour être ou pour se dire sorciers, et le faire croire au peuple? Quand on connoît le peuple, et l'influence que prennent sur son esprit ceux qui s'attribuent la connoissance des choses cachées et la science de l'avenir, et les excès auxquels il peut se porter par leurs ordres ou leurs conseils, on doit regarder comme un crime énorme contre la religion et la société cette usurpation d'un attribut essentiel de la Divinité, faite dans l'intention de séduire et de tromper les hommes, et d'exciter en eux les haines les plus vives; car comme les simples ne vont jamais consulter un prétendu sorcier que pour découvrir la cause de quelque malheur, il est naturel que cet homme, pour gagner son argent, l'attribue aux maléfices ou à la malveillance d'un ennemi; et il faut remarquer que le sorcier est toujours un homme de mauvaise foi, qui ne peut alléguer pour excuse son ignorance, et n'est jamais dupe de sa propre fourberie. Ce crime est risible dans ses moyens sans doute, mais il est dangereux et peut devenir terrible dans ses effets; et il est à croire qu'au temps où les tribunaux le punissoient avec une sévérité qui nous paroît excessive, les exemples de ces désordres étoient plus fréquents. A ces charlatans en ont succédé d'autres qui n'étoient pas sorciers; car il faut croire, pour leur honneur, qu'ils n'ont pas connu l'avenir qu'ils nous préparoient.

———————

Il y a aujourd'hui si peu de connoissances et d'études philosophiques, que l'auteur de cet

ouvrage excita un soulèvement presque général, pour avoir dit que l'Être suprême, par cela
seul qu'il est la vérité par essence et la source de
toutes les vérités, étoit nécessairement *intolé-
rant de toutes les erreurs* (ce qui ne veut pas
dire persécuteur de ceux qui les professent,
puisqu'il fait luire son soleil sur les bons et
sur les méchants); et cependant il avoit pris
la précaution de descendre, pour être mieux
entendu, à une comparaison qui auroit dû lui
faire trouver grâce aux yeux des critiques, en
faisant remarquer qu'un homme habile en littérature, Voltaire, par exemple, étoit intolé-
rant de toutes les fautes qui échappoient à un
poète, et qu'il n'a pas laissé passer dans l'examen
même de Corneille un seul vers foible, un seul
mot impropre. Une autre fois, le même auteur
a avancé que ce qu'il y avoit de bon et de vrai
dans les pensées de l'homme, n'appartenoit pas
à l'homme; et, à son grand étonnement, il n'a
pas été entendu par des gens qui se piquent
d'esprit : et nous voulons faire des constitutions!

La vie de courtisan épure le goût, circonscrit l'esprit et affoiblit le caractère. On ne voit que des modèles, mais on n'embrasse pas assez d'objets, et on sert de trop près.

Dans tous les pamphlets où l'on met aux prises l'homme du peuple et celui d'un rang plus élevé, la supériorité du premier est *obligée*. Cette mode, car c'en étoit une, avoit commencé avant nos troubles, et elle leur survit, sans qu'on paroisse se douter de l'indécence et de la bêtise de cette *jacquerie* d'écrivains beaux esprits ou d'écrivains sans esprit. Il seroit tout aussi facile de mettre en scène le bel esprit et le paysan ; et, sans rien outrer, on pourroit donner au bon sens du villageois, même dans les choses les plus importantes, l'avantage sur l'esprit du sophiste.

Il faut, dans tout État, du pouvoir, de l'obéissance, de la discipline; mais il n'en faut pas trop. L'excès du pouvoir est de la tyrannie, l'excès de l'obéissance est de la servitude, l'excès de la discipline est de l'*automatisme*. Dans la Chine, il y a trop de discipline, et tout est réglé, jusqu'aux révérences ; en Turquie, il y a trop d'obéissance, et l'on reçoit avec respect et soumission le cordon envoyé par le Grand-Seigneur ; dans les petits États de la côte d'Afrique, il y a trop de pouvoir, et le despote vend ou tue à volonté ses malheureux esclaves. La religion chrétienne avoit, par son influence, admirablement combiné ces trois éléments de tout ordre social, et de leur séparation étoit sortie la société, comme une création. La philosophie a tout confondu ; elle a ramené le choc des éléments, le chaos.

Il est aujourd'hui aussi instructif qu'intéressant de comparer entre elles nos anciennes et nos nouvelles institutions, de les comparer comme *étude* politique, et non par aucun sentiment personnel de regret ou de haine. Au commencement de la révolution, on a crié à l'aristocratie pour détruire la noblesse, et nous avons fini par détruire la noblesse pour former une aristocratie. La noblesse étoit un corps de propriétaires voués héréditairement et exclusivement au *service* public. L'aristocratie est un corps de propriétaires voués héréditairement et exclusivement à gouverner le public, c'est-à-dire, à faire des loix. Ainsi, autrefois, il n'y avoit point en France, à proprement parler, d'aristocratie, et aujourd'hui il n'y a plus de noblesse politique. Celle des pairs est plus, puisqu'elle fait la loi; celle de la Charte est moins, et n'est qu'un titre sans fonctions. Notre aristocratie ne fait pas, à la vérité, les loix toute seule, pas plus que le Roi ou la Chambre des députés, qui représente la démocratie. Mais ces trois pouvoirs la font ou doivent la faire ensemble, et selon un mode déterminé de participation et de concours. Comme trois pouvoirs, *étonnés du nœud qui les rassemble,* tendent naturellement à se réunir en *un,* et qu'ici nos trois pouvoirs sont égaux par la loi, le choc entre eux est possible: chacun veut devenir le pouvoir exclusif; et,

comme ils sont inégaux en forces, il y a toujours, sur le champ de bataille, des morts et
des blessés. Le roi, en cas de lutte, a pour lui
la force de la loi *écrite*; la démocratie a pour
elle la force du nombre et des passions; l'aristocratie des pairs, placée au milieu, se réunit
à l'un ou à l'autre pouvoir pour le défendre;
mais si elle ajoute peu, dans les temps de troubles, à la force du roi, elle ajoute moins encore
à la force du peuple, qui n'a garde alors d'accep-
ter pour auxiliaire un *pouvoir* dont il est disposé
à faire une victime. J'ai fait, comme on peut
le voir, l'histoire des révolutions d'Angleterre.

Autrefois, en France, il y avoit aussi une combinaison des trois corps ou *personnes* intégrantes
de tout État, le roi, la noblesse, le peuple;
mais elle étoit différente   la noblesse *combat-*
toit dans les armées l'ennemi extérieur; elle
jugeoit dans les tribunaux l'ennemi intérieur,
qu'elle combattoit aussi par le glaive de la loi.
La *force* du roi, comme pouvoir législatif, étoit
conseillée ou *remontrée* par la *justice*. Quelquefois les cours de magistrature alloient plus
loin, et leurs opiniâtres remontrances ressem-

bloient à de la résistance; mais cette opposition avoit un terme, précisément parce qu'elle
n'avoit pas de limites connues. Ainsi, de part
et d'autre on n'étoit pas arrêté par un mur
qui fit obstacle, mais par la crainte de dépas-
ser la borne qu'on ne pouvoit apercevoir, et
au-delà de laquelle se trouvoit le précipice.
La magistrature donnoit à ses remontrances
le poids d'un corps dont tous les individus
jouissoient de la noblesse, et d'une institution
qui, dans son ensemble, appartenoit au troisième ordre, puisqu'elle en étoit presque entière sortie plus tôt ou plus tard, et qu'encore
elle servoit de passage du troisième ordre au
second; elle réunissoit ainsi dans son sein une
aristocratie sans participation au pouvoir, et
une démocratie sans turbulence; elle défendoit
les intérêts de celle-ci avec la force et les avantages de celle-là : le roi surmontoit tout cet édifice, et il avoit à la fois l'initiative et le définitif. Cette institution, qui avoit ses racines
dans les temps les plus anciens, et dont les
formes et les noms avoient changé avec les
circonstances, plutôt que le fonds et l'essence,

à traversé avec gloire de malheureuses époques; et malgré les imperfections des corps et
les vices des hommes, elle a empêché ou prévenu de grands désordres, et donné à l'État
une grande stabilité. Entre ces deux combinai-
sons ou au-dessus il y en a peut-être une autre
qui donneroit au pouvoir royal plus de force,
à une classe plus de devoirs, à toutes plus de
bonheur, à l'État plus de solidité; et qui sait
si les agitations de l'Europe ne sont pas le travail de la société, pour enfanter un meilleur
système, ou plutôt pour perfectionner l'ancien et le nouveau? Je remarque que, dans les
premiers temps, l'auteur de toute société choisit un peuple pour conserver à l'univers les
vérités religieuses : il en fit son peuple, un
peuple modèle, et le constitua pour cette noble
fonction qu'il remplit encore par ses malheurs.
Il faut, ce me semble, dans les derniers temps,
par une raison puissante d'analogie, et comme
une conséquence de l'ordre général, toujours
uniforme dans ses voies; il faut aussi un *peuple
modèle*, qui puisse conserver, par son exemple, dans le monde civilisé, la connoissance et la

pratique des vrais principes politiques dont la
société humaine ne peut pas plus se passer que
de dogmes religieux. Si ce peuple modèle existe
en Europe, c'est certainement le peuple françois; et sans parler des prodiges politiques qui,
de siècle en siècle, ont signalé son existence,
comme ils signalèrent autrefois celle du peuple
juif, il y a une preuve philosophique, et je
dirois presque mathématique, de cette noble
destination, dans l'universalité de sa langue et
de sa littérature; car c'est aussi une domination que celle de l'esprit, domination irrésistible et la première de toutes chez des peuples civilisés. C'est précisément parce que la
France est destinée à servir de *société modèle*,
qu'elle est *société d'expérience*, si je peux le
dire, abandonnée pour un temps à toutes les
théories, à tous les essais, à tous les systèmes
de conduite. Qu'on y prenne garde, la France
ne s'appartient pas à elle seule; elle appartient
à toute l'Europe, qui a rendu hommage, en
quelque sorte, à son droit d'aînesse et presque
de maternité, en réunissant tous ses enfants
pour la délivrer de l'oppression. Il ne dépend

donc pas d'elle de se constituer pour elle seule,
et elle n'a pas le droit de chercher ailleurs un
modèle, lorsqu'elle doit elle-même en servir
aux autres.

———————

L'homme s'affermit et se fortifie par les vicis-
situdes de la vie et de la fortune, pareil au fer
qui durcit en passant du chaud au froid. En
est-il de même de la société lorsqu'elle passe
subitement du système le plus violent d'administration, au système le plus modéré ?

———————

Toute action dramatique doit aboutir au
triomphe de la justice et de la vertu. Le poète
est toujours assuré de produire, par ce dénoûment, un sentiment de satisfaction dans l'âme
même de spectateurs qui ne sont souvent ni
justes ni vertueux, et ils sortent attristés de
toute représentation qui finit comme la tragédie de *Mahomet*, par le plein succès du crime.
Cette disposition tient au principe fondamen-
tal, à la raison même de la société, dont la littérature est ici l'expression fidèle ; et c'est ce qui

fait qu'elle se manifeste partout où les hommes se trouvent réunis, et au théâtre comme à l'église. Les gouvernements ne connoissent pas assez quelle force infinie, irrésistible, donneroit à leurs loix cette disposition générale et involontaire, et quel appui ils en tireroient pour les actes les plus importants de l'administration.

———————

Les doctrines morales doivent parler aux hommes un langage conforme à leur état et à leurs habitudes. La religion chrétienne s'adressa aux petits : elle les trouva foibles et malheureux, et leur dit : « Heureux ceux qui souf- » frent ! » La philosophie s'est adressée aux grands ; elle les a trouvés au milieu de tous les délices de la vie, et leur a dit : « Heureux ceux » qui jouissent ! » Qu'est-il résulté de cette instruction opposée ? c'est que la religion remontant des petits aux grands, a appris aux grands à souffrir, et ils y ont trouvé les plus puissantes consolations contre les peines qui assiégent aussi la grandeur, et des motifs de bonté et de compassion pour les petits ; et que la

philosophie, descendant des grands aux petits,
a inspiré aux petits la fureur des jouissances,
et par conséquent le mécontentement de leur
situation, l'envie de la situation des grands,
et le besoin des révolutions.

———

Il seroit aujourd'hui d'une politique *obligée*
de faire pair de France, un propriétaire de
terres riche de plusieurs millions, les eût-il
gagnés au jeu ou à la loterie, parce qu'il n'y
auroit pas d'autre moyen de rattacher au gouvernement une immense fortune, qui, dans
un État semi-populaire, peut exercer une
influence qu'il faut faire tourner au profit de
l'État. Autrefois, même le millionnaire, auroit
commencé par une charge de magistrature
inférieure; et la modestie de la profession
auroit tempéré, pendant quelques générations, l'insolence de la fortune. Alors ce nouvel arrivé dans la milice politique auroit pris
la queue de la *colonne;* aujourd'hui il pren-
droit la tête : c'est un puissant stimulant pour
faire fortune.

———

C'est une idée fausse de vouloir faire une

fonction politique de l'éducation publique, qui ne peut être qu'une fonction religieuse, *une œuvre de charité*, comme l'assistance des pauvres, le soin des infirmes, le rachat des captifs : car il n'y a rien de plus pauvre, de plus infirme, de plus captif, que l'enfance, cette grande foiblesse de l'humanité. L'homme politique est fait pour gouverner l'homme ; il ne peut se rapetisser jusqu'à gouverner l'enfance, sans abaisser sa dignité politique ; raison pour laquelle la fonction d'instituteur ou de précepteur n'a jamais joui d'une considération proportionnée à son utilité.

Dans les drames des révolutions, comme dans ceux du théâtre, il y a plusieurs *péripéties*, mais il n'y a jamais qu'un dénoûment. Quand le spectacle se prolonge, les spectateurs, pressés de sortir, prennent souvent les entr'actes pour la fin de la pièce, et les acteurs eux-mêmes, qui changent d'un acte à l'autre, au moins d'habit et de rôle, plus pressés que les spectateurs, s'y trompent presque toujours. A la dernière *catastrophe* paroît le *deus in machiná* : c'est conforme aux règles de l'art, et la grandeur du sujet exige son intervention :

Nec Deus intersit nisi dignus vindice nodus.

———

Dans un gouvernement qui seroit tout entier de main d'homme, il faudroit toujours la main de l'homme pour le faire aller ; l'existence de la société et le bonheur public y dépendroient beaucoup trop de la volonté de l'homme, et de son habileté.

———

Dans tout gouvernement où il y auroit de grands désordres à réparer et de grands biens à faire, il ne faudroit pas se désespérer des résistances qu'on pourroit éprouver : elles ne peuvent être obstacle sans être point d'appui.

———

Tout royaume divisé en lui-même sera détruit, dit le grand livre de la morale publique : il y a plus de véritable politique et de politique pratique dans ce passage de l'Évangile, que dans tout l'*Esprit des Loix* et le *Contrat Social*, doublés de tous les écrits politiques de la même école qui ont paru depuis trente ans dans l'ancien ou le nouveau continent.

Ce qui caractérise éminemment l'intelligence
de l'espèce humaine, est moins la faculté qu'a
l'homme exclusivement de disposer et de perfectionner ses organes pour les rendre propres à
tel ou tel genre de travail, que celle de se créer,
en quelque sorte, d'autres organes pour aider
à la foiblesse ou à l'impuissance des siens ; ainsi
les outils de tous les métiers, les instruments
de tous les arts, les machines qui nous trans-
portent par terre ou par eau d'un lieu à un
autre, les animaux même qui nous aident dans
nos travaux, sont de nouveaux organes que
l'homme s'est donnés; et soit qu'il se serve de
ses organes naturels ou de ces autres organes
artificiels, l'homme est toujours une *intelligence servie par des organes*. Il y a même des
machines, filles et expression de son intelligence, auxquelles cette définition pourroit
aussi s'appliquer. Une montre, par exemple,
est l'horloger qui l'a faite, et dont la pensée
est *servie*, tant que la montre dure, par les
rouages qui la composent, et qui en sont
comme les organes; ainsi, quand vous consul-

tez votre montre, c'est une intelligence qui
répond à la vôtre, et qui lui répond à tout
moment; et l'art de l'homme parle même lorsque la nature est muette, et que le soleil, qui
mesure le temps par l'alternative des jours et
des nuits, comme un *pendule* par ses oscilla-
tions, absent ou nébuleux, ne peut pas vous
apprendre à quel instant vous êtes de votre
fugitive existence; et nous voulons qu'il n'y
ait que hasard dans la belle machine de
l'univers!

———

Je ne crois pas que les Latins, chez qui nous
avons pris nos métaphores les plus usitées,
ayent employé dans un sens moral et métapho-
rique les mots *lux* et *lumen*, lumière, qui
chez nous se prend, et même au propre, pour
la vérité. Ils s'en servoient, il est vrai, comme
comparaison, lorsqu'ils disoient *lucidus ordo*,
luce clariores, *lumina orationis*, en parlant
des endroits brillants d'un discours, de l'ar-
rangement des pensées, de la force des
preuves; mais ils n'en faisoient pas comme
nous le synonyme de *vérité*. C'est que la vérité

qui est dans notre monde n'étoit pas dans le
leur, et c'est, je crois, dans nos évangiles que
le mot *lumière* a reçu pour la première fois
cette belle acception.

———

C'est moins par la rareté des maladies qu'on
peut juger la force de tempérament des hommes
et des États, que par la promptitude et la vigueur du rétablissement.

———

Les petits talents comme les petites tailles
se haussent pour paroître grands; ils sont ta-
quins et susceptibles, et craignent toujours de
n'être pas aperçus.

———

Bien des gens qui ne savent que ce que
d'autres ont écrit, ou qui n'ont écrit que ce
que d'autres ont pensé, s'imaginent que tout
est connu dans le monde, et qu'il n'y a plus
rien à découvrir. Ainsi, l'homme qui jamais
n'auroit fait un pas, pourroit prendre son
horizon pour les bornes du monde.

Depuis que les rois ont une cour, il y a un petit peuple dans le grand, un peuple sujet aux mêmes passions que l'autre, et même à des passions plus ardentes et plus actives, quoique mieux déguisées, parce qu'elles s'agitent sur un théâtre plus resserré, pour de plus grands objets, et qu'elles sont plus près du centre de toutes les espérances, et des moyens de tous les succès. Les rois sont obligés de gouverner en personne ce petit État, et c'est ce qui fait qu'il faut plus de ministres pour gouverner l'autre.

Les volontés publiques de l'autorité, c'est-à-dire les loix, seront d'autant plus respectées que ses opinions personnelles seront moins connues. Car si elles sont conformes à la loi, elles n'ajoutent rien à sa force, et si elles leur sont contraires, elles l'affoiblissent. Tacite remarque que l'on faisoit à Rome, dans les délibérations du sénat, un peu trop d'usage du nom de l'empereur à la place de bonnes raisons : *ubi ratio deerat*, dit-il, *adulationem prætexentes.*

La beauté du génie, la force du talent ne se mesurent que par la durée de l'ouvrage, puisque toute imperfection est un principe de destruction.

La constitution d'État la plus forte n'est pas celle qui donne les moyens les plus expéditifs d'imposer la famille. Ce n'est rien que l'impôt soit accordé *volontairement* par quelques-uns, s'il n'est payé *volontiers* par tous. L'excès des impôts transporte chez les peuples chrétiens l'esclavage tel qu'il existoit chez les anciens; car l'esclavage n'est, à le bien prendre, que le travail fait tout entier au profit d'un autre.

Deux gouvernements dans le même État, l'un de droit, l'autre de fait, constitueroient le plus haut degré possible d'oppression politique, parce que les devoirs y varieroient sans cesse comme le pouvoir.

L'irréligion sied mal aux femmes; il y a trop d'orgueil pour leur foiblesse.

Deux partis constitutionnels dans le même

gouvernement, et plusieurs *ménages* dans la même famille, demandent un État riche et une maison opulente.

Il est aussi barbare de persécuter une famille pour une *qualité* bonne ou mauvaise, dont elle n'a pu refuser la transmission, et qu'elle ne peut pas perdre, qu'un homme pour un défaut corporel de naissance, qu'il ne peut corriger.

Animo voluptatibus corrupto nil honestum intrat, dit Tacite : « Rien de grand, de généreux » n'entre dans un cœur corrompu par les vo- » luptés ». Cette maxime n'étoit rigoureusement vraie que chez les païens. L'influence puissante de la morale chrétienne permet de diminuer quelque chose de sa sévérité, et la foiblesse du cœur peut être extrême, sans que la corruption de l'esprit soit totale et irrémédiable.

L'extrême opposé d'un gouvernement violent n'est pas un gouvernement doux, mais un gouvernement juste.

————————

Nous voulons, je ne sais pourquoi, plus de simplicité dans les arts, dans les mœurs, dans les manières, et des loix plus composées.

————————

Le bonheur est vulgaire et familier, et on fait avec du bonheur des chansons, des madrigaux et des épithalames. Il n'y a de noble que le malheur, le malheur et non le châtiment, et il faut des malheurs, et des plus grands, pour faire ce qu'il y a de plus beau dans le plus beau des arts, des tragédies et des épopées. Le beau idéal seroit donc la plus haute vertu, et la plus utile aux hommes, payée de leur part par la plus injuste et la plus cruelle persécution, parce que, dans cet état, l'homme, semblable à la Divinité, exerceroit sur les hommes le pouvoir le plus bienfaisant, et resteroit dans la plus entière indépendance de leurs bienfaits et même de leur reconnoissance. Le sublime de cette situation a été *réalisé* dans la personne du fondateur du christianisme, et c'est une preuve philosophique de sa divinité que Platon lui-même a entrevue.

FIN DES PENSÉES ET DU PREMIER VOLUME.

Reliure serrée

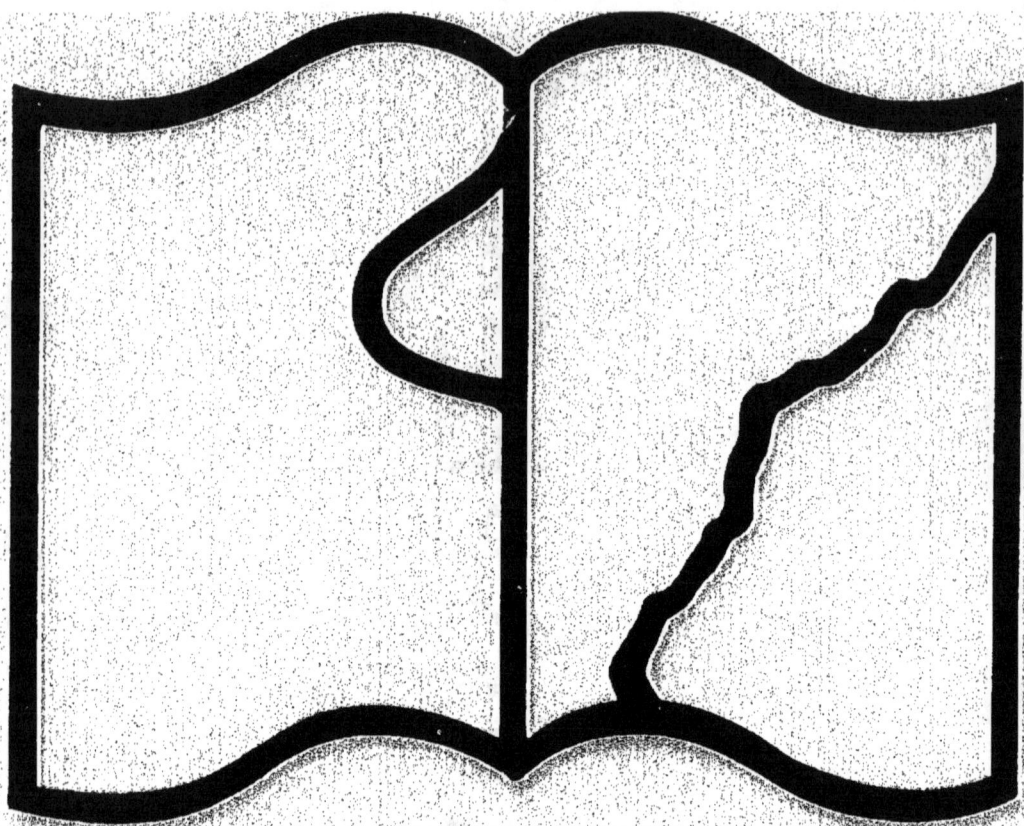

Texte détérioré — reliure défectueuse

NF Z 43-120-11

www.ingramcontent.com/pod-product-compliance
Lightning Source LLC
Chambersburg PA
CBHW071622270326
41928CB00010B/1739